UNIVERSALE PAPERBACKS IL MULINO

466.

con gratitudine al mio maestro accademico,
Klaus-Jürgen Müller

GERHARD SCHREIBER

LA SECONDA GUERRA MONDIALE

IL MULINO

I lettori che desiderano informarsi sui libri e sull'insieme delle attività della Società editrice il Mulino possono consultare il sito Internet: **www.mulino.it**

ISBN 88-15-09674-4

Edizione originale: *Der Zweite Weltkrieg*, München, Beck, 2002.
 Traduzione di Enzo Morandi.

INDICE

PREMESSA

UNA GUERRA EREDITATA DAL 1918?

Si può dire che nel 1945 sia terminata una seconda guerra dei Trent'anni? A volte si dà a questa domanda una risposta affermativa: le due guerre mondiali e il periodo compreso tra esse si presentano, per chi è di questo avviso, come un tutt'uno, e la conclusione della Grande guerra avrebbe quindi contenuto in sé ciò che ebbe inizio una ventina d'anni dopo. Questa tesi, se si considera *a posteriori* la storia del periodo in questione, può anche risultare assolutamente affascinante, ma la predeterminazione che essa implica è astorica, anche se si può concedere che diversi fenomeni politici, sociali e ideologici non mancarono di creare punti di collegamento tra il 1914 e il 1939. Si pensi, per esempio, alla politica «revisionista» che Berlino, Roma e Tokyo condussero contro lo *status quo* europeo definito dalle potenze vincitrici nel biennio 1919-20, e contro l'assetto concordato dagli stati partecipanti alla conferenza di Washington (12 novembre 1921-6 febbraio 1922) per l'Estremo Oriente.

In questo contesto, e fino al 1933, i governi del Reich tedesco, sconfitto ma non troppo indebolito, ebbero come principale obiettivo la pressoché totale abrogazione del trattato di pace di Versailles del 28 giugno 1919: un obiettivo che doveva essere conseguito al più presto nelle intenzioni delle tradizionali élite dirigenti, le quali, nel mito del grande Reich, continuavano a mantenere viva l'aspirazione a un ruolo egemonico in Europa. L'Italia e il Giappone rientravano invece nel novero delle potenze vincitrici; ma, poiché la pace aveva deluso le loro aspettative, entrambi i paesi puntavano a miglioramenti e modifiche sostanziali. A differenza della Germania di Hitler, che perseguì obiettivi di potere destinati a sovvertire gli assetti politico-statali su scala mondiale, Roma e Tokyo mostrarono di avere aspirazioni egemoniche a carattere soprattutto regionale, non per questo però esenti da finalità di oppressione e sfruttamento.

Considerato nell'insieme, l'ordinamento mondiale formatosi a partire dai primi anni Trenta si dimostrò tutt'altro che stabile. Le maggiori aree di crisi si rivelarono ben presto l'Asia orientale, il Mediterraneo e l'Europa sud-orientale; la guerra continuò insomma a restare uno strumento privilegiato della politica, e a questo riguardo né la Società delle Nazioni né il patto Briand-Kellog per la messa al bando della guerra (27 agosto 1928) mutarono granché la situazione generale. È d'altro canto chiaro che dopo il 1918 nessun governo poteva seriamente pensare di appiccare un nuovo incendio mondiale: perché questo avvenisse si dovette arrivare al fatale 30 gennaio 1933, quando in Germania le forze reazionarie portarono al potere Adolf Hitler e la sua delirante ideologia. Il che ci riporta ancora una volta alla domanda dalla quale siamo partiti.

La politica del cancelliere nazionalsocialista fu coerente, animata da una chiara volontà di giungere alla guerra; a medio termine essa ebbe come obiettivo la conquista dello «spazio vitale all'est» e la fondazione di un impero continentale. Se ciò che il Führer veniva affermando in proposito riecheggiava in qualche modo slogan già sentiti, la sua concezione mirava in sostanza a edificare un «ordine nuovo» nel vecchio continente, un ordine fondato su basi razziali, in ragione del quale egli rivendicava il diritto di stabilire arbitrariamente chi e come dovesse continuare a vivere nella «sua» Europa: una *hybris* che è costata la vita a 6.850.000 ebrei, sinti, rom e tedeschi considerati *Defektmenschen* (cioè persone che presentavano particolari difetti).

Esulando dal campo degli obiettivi bellici tradizionali di popoli civili, ciò esclude in modo definitivo che si possa classificare la seconda guerra mondiale come un'eredità della Grande guerra; in realtà le effettive intenzioni di Hitler e dei suoi paladini non trovano assolutamente precedenti nella storia dell'occidente cristiano, per quanto tale passato sia gravato da avvenimenti spaventosi.

CAPITOLO PRIMO

IL LUNGO CAMMINO VERSO LA GUERRA

Fino al 1938 la comunità internazionale permise a Hitler di inanellare un successo dietro l'altro, benché egli avesse dato vita in Germania a un regime dittatoriale che già a partire dal 1933 aveva cominciato a rinchiudere in appositi campi di concentramento migliaia di oppositori politici, e a emarginare, privare di ogni diritto, espropriare dei beni e uccidere (a centinaia, fino alla fine del 1938) gli ebrei. Il dittatore tedesco trasse vantaggio dal fatto che i governi si mostrarono, come ancora si mostrano, rispettosi del principio di non ingerenza negli affari interni di un altro paese, ma non fu il solo, poiché, come vedremo, anche Benito Mussolini, il Duce dell'Italia fascista, e gli imperialisti radicali giapponesi seppero approfittare della sostanziale inazione della comunità internazionale.

Rimane tuttavia da chiedersi per quali ragioni le potenze occidentali abbiano atteso così a lungo prima di opporsi al bellicoso espansionismo degli aggressori. Con ogni probabilità, risultarono determinanti quei dubbi che i politici dotati di senso di responsabilità nei confronti del proprio popolo nutrono quando devono decidere se giocare l'ultima carta, cosa che di regola è moralmente controversa, politicamente e militarmente rischiosa e sempre dispendiosa: inoltre gli inglesi e i francesi non avevano certo dimenticato i due milioni e quattrocentomila caduti né i cinque milioni e duecentomila feriti che avevano avuto nel primo conflitto mondiale. A differenza delle dittature, che possono agire con assoluta discrezionalità, i governi democratici devono infatti muoversi sulla base di considerazioni improntate al massimo di realismo politico: devono insomma fare ciò che è nell'interesse del paese.

1. *Segni premonitori*

Dapprima congiunturali e poi strutturali, le crisi economiche che interessarono la maggior parte dei paesi tra il 1929 e il 1933 recarono con sé pesanti conseguenze sul piano sociale ed economico, incoraggiarono le politiche autarchiche e indussero i governi a battere la strada del riarmo allo scopo di assorbire una elevata quota di manodopera disoccupata.

È in questo contesto che va collocata l'invasione giapponese della ricca provincia cinese della Manciuria, invasione che ebbe inizio nel 1931 e che nel giro di un anno portò alla costituzione dello stato fantoccio del Manciukuo: povero di materie prime, sovrappopolato e prevalentemente esportatore, il Giappone si procurò in tal modo notevoli risorse minerarie, un vasto spazio di insediamento e un grande mercato di sbocco per i suoi prodotti. Washington, Londra e Parigi, non ritenendo direttamente minacciati i propri interessi politico-commerciali e coloniali, reagirono quindi con cautela. Iosif Stalin, invece, intravedendo il rischio di una guerra su due fronti con i paesi «revisionisti», il 25 luglio e il 29 novembre del 1932 stipulò con Varsavia e Parigi altrettanti patti di non aggressione. La Società delle Nazioni fece un tentativo di conciliazione: a condizione di riconoscere la sovranità cinese sulla regione, il Giappone avrebbe conservato in Manciuria una notevole influenza. Ma Tokyo rifiutò e il 27 marzo del 1933, per protesta contro la condanna (24 febbraio) subita a causa dell'aggressione alla Cina, si ritirò dalla Società delle Nazioni, tra l'altro senza incorrere in alcun tipo di sanzione.

L'esito di questa sfida lanciata alla Società delle Nazioni diede coraggio a Mussolini e Hitler. Quest'ultimo, in particolare, dopo la sua nomina a cancelliere si preoccupò innanzi tutto di impadronirsi di tutte le leve del potere all'interno del paese, cosa che gli riuscì già a partire dall'agosto del 1934, nonché di favorire la ripresa economica, che non solo ci fu ma sembrò perfino assumere le caratteristiche di un vero «miracolo», e infine di creare forze armate moderne in grado di sovrastare nettamente quelle delle altre potenze. Per non mettere a repentaglio il raggiungimento di quest'ultimo obiettivo, in politica estera egli inaugurò un corso che doveva consentire di continuare il riarmo segreto, iniziato già durante la repubblica di Weimar, fino a quando esso non avesse raggiunto un livello tale da ridurre fortemente il rischio di quelle sanzioni che l'ampliamento e il potenziamento delle forze armate inevitabilmente comportavano.

A questi obiettivi corrispose dunque la politica estera del paese fino al 1935, anche se i tedeschi, in realtà, il 14 ottobre del 1933 rischiarono molto abbandonando la conferenza di Ginevra sul disarmo, il cui andamento metteva a repentaglio il riarmo segreto, e uscendo dalla Società delle Nazioni. Siccome le grandi potenze temevano complicazioni politiche, Berlino poté uscirne senza dannose conseguenze.

La decisione di Hitler, che in linea di principio preferiva le intese bilaterali, comportò la fuoriuscita della Germania dal sistema di risoluzione collettiva dei conflitti cui si era cercato di dare vita con la creazione della Società delle Nazioni. Dopo la clamorosa conclusione del concordato con la Chiesa cattolica (20 luglio 1933), il patto di non aggressione stipulato il 26 gennaio 1934 con la Polonia rappresentò un altro grande successo; per il dittatore il patto, che favorì un notevole allentamento della tensione sul confine orientale, rientrava nella preparazione della guerra contro l'Unione Sovietica. Tuttavia, nonostante l'intesa raggiunta con Varsavia, sulla scena internazionale il regime incappò in una serie di difficoltà, al punto che quando i nazisti assassinarono il cancelliere austriaco Engelbert Dollfuss, il 25 luglio del 1934, per un po' sembrò che potesse perfino scoppiare un conflitto armato con l'Italia, che pure era un paese ideologicamente affine.

Effetti distensivi avrebbe potuto avere il ritorno della Saar alla Germania, il 1° marzo del 1935, ma Hitler non approfittò dell'occasione per mostrarsi più conciliante. Al contrario, replicò alla corretta condotta della Società delle Nazioni in occasione del plebiscito sulla Saar (13 gennaio 1935) con una serie di nuove violazioni del trattato di pace: il 9 marzo fu rivelata la creazione della Luftwaffe, il 16 fu reintrodotta la coscrizione obbligatoria. Le reazioni non si fecero attendere. Il presidente del consiglio francese

Pierre-Etienne Flandin, il premier inglese James Ramsay MacDonald e Mussolini si incontrarono a Stresa (11-14 aprile 1935) per discutere una serie di contromisure; la dichiarazione congiunta emessa al termine dei lavori non poteva dare adito a dubbi di sorta. Anche la Società delle Nazioni condannò la Germania e in maggio Praga, Parigi e Mosca sottoscrissero trattati di mutua assistenza. Dunque si profilava un «blocco di contenimento» internazionale, l'«accerchiamento» tanto temuto da Hitler?

Le cose, in realtà, stavano diversamente, dal momento che Londra, più che mai intenzionata a contenere la minaccia costituita dal riarmo navale e aereo tedesco, stipulò con Berlino, il 18 giugno del 1935, un accordo navale, che certo garantì per qualche tempo alla Royal Navy una chiara e rassicurante superiorità, ma che non intralciò i piani dei tedeschi, per i quali a lungo andare la Gran Bretagna era destinata a diventare il loro vero avversario. Negli anni successivi, infatti, la Germania poté raggiungere nel pieno rispetto del trattato un livello di riarmo che le avrebbe consentito, in occasione di successive trattative, di impiegare le forze navali come efficace strumento di pressione.

Cambiò rotta anche Mussolini, che era intenzionato a fare del suo paese, dimostratosi fin dalla sua unità piuttosto instabile, una vera, grande potenza mediante una politica di chiara impronta espansionistica nell'area del Mediterraneo, in particolare nella regione adriatico-balcanica, nell'Africa settentrionale e orientale, dove l'Etiopia, paese membro della Società delle Nazioni, divenne ben presto oggetto delle sue mire espansionistiche. Mire che i francesi non ostacolarono: nel gennaio del 1935, anzi, diedero in pratica il via libera a Mussolini, che incontrò la sola opposizione degli inglesi.

Solo a questo punto il Duce si riavvicinò al Führer, che non mancò di incoraggiarlo, perché gli impegni africani dell'Italia consentivano ai tedeschi di aumentare la loro presenza e influenza in Austria e nell'area sudorientale, regione che era di fondamentale importanza dal punto di vista economico e su cui Berlino intendeva allungare i suoi tentacoli. Una lunga guerra in Africa faceva dunque il gioco di Hitler, che anche per questo decise di fornire armi a entrambi i contendenti.

Muovendo dalle loro basi in Somalia ed Eritrea senza una dichiarazione di guerra, il 3 ottobre 1935 500 mila soldati italiani iniziarono l'invasione dell'Etiopia, che riuscì a mobilitare all'incirca 250 mila uomini: ebbe così inizio una guerra del tutto impari, nel corso della quale gli aggressori impiegarono anche 340 tonnellate di gas asfissianti. Il 3 maggio del 1936 il Negus Hailé Selassié riparò all'estero, il 5 il Maresciallo Pietro Badoglio entrò ad Addis Abeba e il 9 Mussolini salutò «la riapparizione dell'Impero sui colli fatali di Roma». Alla fine si contarono 9 mila caduti tra gli italiani e circa 275 mila – civili compresi – tra gli etiopi. Quel che è certo, in ogni caso, è che con la conquista dell'Etiopia il consenso degli italiani nei confronti del regime fascista toccò il suo punto più alto.

Nel caso dell'aggressione all'Etiopia, la Società delle Nazioni condannò l'Italia come paese aggressore e nel novembre del 1935 adottò anche sanzioni economiche nei suoi confronti, sanzioni che comunque non servirono a piegare l'Italia, anche perché furono largamente disattese – data la sete generale di guadagno – dagli stessi paesi che le avevano decise, nessuno escluso. A ciò si aggiunga che nel luglio del 1936 ogni paese venne lasciato libero di riconoscere o meno la nuova situazione venutasi a creare in seguito alla guerra di aggressione italiana ai danni del paese africano: in pratica una ammissione di bancarotta, non solo politica ma anche morale.

Approfittando della guerra in Africa, il 7 marzo del 1936 Hitler diede ordine alla Wehrmacht di marciare sulla Renania, regione allora smilitarizzata; gli stivali dei soldati tedeschi calpestarono così il trattato firmato a Locarno il primo dicembre del 1925, che aveva assicurato la pace e favorito una migliore intesa tra Parigi e Berlino. Il colpo di mano di Hitler non fu certo scevro di rischi, ma per la guerra che aveva in mente di scatenare il dittatore aveva bisogno delle reclute e del potenziale bellico della Ruhr e di una linea di difesa che corresse proprio lungo il confine con la Francia. Ancora una volta i suoi conti si rivelarono esatti: Londra fece buon viso a cattivo gioco, mentre Parigi, che pure avrebbe volentieri reagito in qualche modo, non se la sentì di fare tutto da sola. La condanna della Società delle Nazioni? Pura ritualità.

La propaganda tedesca celebrò la rimilitarizzazione della Renania – uno snodo oltremodo significativo lungo la strada che doveva condurre alla guerra – come la definitiva riconquista della piena «libertà di riarmo». Con il piano quadriennale varato nel settembre del 1936 il regime nazista si propose di intensificare la produzione di materiale bellico e di aumentarne il grado di efficienza. Un memoriale di Hitler spazzò via ogni residuo dubbio in proposito: nel giro di quattro anni l'economia avrebbe dovuto essere preparata per la guerra e le forze armate pronte al combattimento.

La guerra civile spagnola, che ebbe inizio il 17 luglio del 1936 con il *pronunciamiento* di alcuni generali nazionalisti (Josè Marquèz de Sanjurio y Sacanell, Emilio Mola Vidal e Francisco P.H.T. Franco y Bahamonde in particolare) e si concluse con la loro vittoria nel marzo del 1939, costituì un nuovo banco di prova per la «capacità di agire» della comunità internazionale. Roma e Berlino si schierarono a fianco dei golpisti per motivi ideologici, militari, economici e di politica estera. A sostegno della repubblica intervennero invece l'Unione Sovietica e le Brigate internazionali, alla cui formazione contribuirono uomini e donne provenienti da 53 paesi. Lunga e feroce, la guerra fece circa 500 mila vittime. Prigionieri di entrambe le parti massacrati, donne stuprate, uomini evirati: questo il tragico bilancio di un conflitto che fu caratterizzato da eccessi e violenze di ogni genere, anche con la benedizione della Chiesa quando le vittime erano comunisti.

La tragedia spagnola rafforzò ulteriormente il disprezzo dei «revisionisti» nei confronti delle democrazie e Hitler prese per la prima volta le distanze dal suo ideale partner, la Gran Bretagna. Il 25 ottobre del 1936, in occasione della firma del protocollo d'intesa italotedesco, egli richiamò l'attenzione del ministro degli Esteri italiano nonché genero di Mussolini, conte Galeazzo Ciano, sulla necessità di una alleanza offensiva antinglese; solo un anno dopo gli inglesi non erano per il dittatore che degli «odiati nemici». Il primo novembre del 1936 Mussolini celebrò l'intesa che sanciva una più stretta collaborazione con Berlino e faceva dell'Italia il principale alleato politico della Germania lanciando la formula dell'«asse Roma-Berlino». Solo poco più di tre settimane dopo, il 25 novembre, la Germania firmò con il Giappone il patto Anticomintern, che in origine aveva avuto un obiettivo antisovietico ma che era essenzialmente diretto contro Londra. Roma aderì al patto il 6 novembre del 1937 e cinque settimane più tardi annunciò il suo ritiro dalla Società delle Nazioni.

Quando prese forma la «triplice alleanza» Roma-Tokyo-Berlino, in Asia infuriava la guerra di aggressione che il Giappone aveva scatenato contro la Cina, una guerra il cui obiettivo era la creazione di una vasta area economica e la conseguente sottomissione della Cina al «nuovo ordine» voluto e imposto da Tokyo. Nella primavera del 1939 i fronti si arrestarono: in quel momento gli invasori controllavano un territorio pari a 1.700.000 km^2 (Cina centro-settentrionale), ma i cinesi erano comunque riusciti a sottrarsi abilmente all'annientamento. Inoltre, i comunisti di Mao e i nazionalisti di Chiang Kai-shek, che fino ad allora si erano combattuti senza esclusione di colpi, strinsero un'alleanza, e aumentò la resistenza contro i giapponesi anche in seno alla popolazione, nonostante il diffuso terrore per i bombardamenti a tappeto e il comportamento a dir poco crudele degli occupanti: solo a Nanchino le vittime dei massacri furono, nel dicembre del 1937, circa 200 mila.

Tutti i governi erano a conoscenza delle uccisioni in massa dei prigionieri, degli stupri sistematici e delle molte altre atrocità commesse dalle truppe di occupazione; l'efferatezza dei crimini fece inorridire il mondo intero, ma nessuno mosse un dito. Solo il tempo lavorava per la Cina, dal momento che i falchi giapponesi si ritrovarono sempre più isolati sulla scena politica internazionale.

2. *Il fatale 1938*

D'altro canto Hitler cambiò la sua politica asiatica nel 1938, sacrificando gli importanti rapporti commerciali con la Cina e riconoscendo la posizione egemonica di Tokyo in quell'area: una decisione, quella del dittatore, in linea con il nuovo orientamento in tema di alleanze politiche inaugurato nel 1936. A causa di questa sempre più stretta collaborazione con il Giappone, le potenze occidentali e l'Unione Sovietica avrebbero dovuto adottare un atteggiamento più conciliante nei confronti del Reich, che si apprestava – nel cono d'ombra formato dalle guerre in Europa e in Asia – a dare vita a quel nucleo di potere centroeuropeo destinato nei suoi piani a costituire il primo stadio del suo dominio sull'intero continente. Ne fece parte l'annessione dell'Austria, il 13 marzo del 1938, che aumentò la capacità produttiva della Germania e le assicurò non solo riserve di energia, materie prime, manodopera specializzata, ma anche oro e divise estere, che Vienna all'epoca possedeva in quantità quasi doppia rispetto a Berlino, senza contare il miglioramento della posizione tedesca sotto il profilo geografico-strategico reso possibile dall'accesso diretto all'area sudorientale e dall'accerchiamento della Cecoslovacchia.

Fin dal 1937 Hitler giudicava questo paese importante sotto il profilo economico e, soprattutto, per il ruolo che avrebbe potuto svolgere in caso di guerra in Occidente, poiché avrebbe rappresentato un costante pericolo alle spalle della Wehrmacht. Il 30 maggio egli ordinò pertanto ai generali di tenersi pronti a «distruggere» la Cecoslovacchia a partire dal primo ottobre del 1938; l'isolamento del paese sul piano internazionale e la sua destabilizzazione dall'interno avrebbero creato le premesse per il raggiungimento di un simile obiettivo. Lo strumento di cui il dittatore si servì a tale scopo fu la minoranza tedesca con il suo braccio politico, il Partito tedesco dei Sudeti. Alla fine non solo la crisi ci fu, ma si aggravò a tal punto che si giunse a un passo dalla guerra. Perciò il 15 settembre il premier inglese Neville Chamberlain incontrò Hitler a Berchtesgaden per cercare di trovare una soluzione al problema costituito dai tedeschi dei Sudeti, dopo di che francesi e inglesi indussero la Cecoslovacchia a cedere al Reich i territori in cui i tedeschi costituivano la maggioranza della popolazione. Nei giorni 22-24 settembre si tenne a Bad Godesberg un incontro che avrebbe dovuto essere risolutivo e invece si concluse con un brusco colpo di scena. Hitler, infatti, affrontò Chamberlain con toni ultimativi e soprattutto avanzò nuove, inaccettabili richieste: era chiaro che voleva la guerra! Un pugno di ufficiali e diplomatici tedeschi se ne rese conto e cercò di distoglierlo dai suoi propositi, sicché fu proprio in occasione della crisi dei Sudeti che si formò una prima resistenza degna di nota, anche se oltremodo eterogenea sul piano delle motivazioni e delle finalità perseguite.

Parigi, Londra e Praga (quest'ultima già il 23 settembre) mobilitarono. Sette divisioni tedesche erano pronte a varcare il confine. L'Europa era sull'orlo della catastrofe. In una situazione così esplosiva, Mussolini assunse il ruolo del mediatore, ma in realtà come «uomo di paglia» della diplomazia segreta anglotedesca. Così, alla fine di settembre del 1938 inglesi, tedeschi, francesi e italiani si incontrarono a Monaco per cercare una soluzione della crisi, che in effetti venne trovata, ma a spese della Cecoslovacchia. Il paese, infatti, uscì dalla conferenza, dalla quale peraltro era stato escluso, indebolito economicamente, irrimediabilmente minato sul piano interno e incapace di difendersi, perché andò completamente perduto il sistema di fortificazioni allestito nella regione dei Sudeti. Il Terzo Reich, al contrario, aumentò ancora una volta la sua capacità industriale, poté impadronirsi di nuove riserve di energia e materie prime, rafforzandosi anche a livello di manodopera specializzata. Sul piano della politica di potenza e dell'«economia dei grandi spazi», inoltre, l'annessione dell'Austria e della regione dei Sudeti consentì a Berlino di esercitare una crescente attrazione sui paesi dell'Europa sudorientale.

La conclusione dell'incontro deluse comunque le aspettative di Hitler. Il dittatore avrebbe preferito una soluzione militare, non da ultimo perché si rese conto che il *modus operandi* dei politici favorevoli all'*appeasement*, i quali usando la leva tanto della pacificazione quanto dell'intimidazione nel frattempo riducevano il vantaggio della Wehrmacht in fatto di armamenti, non era necessariamente indice di debolezza.

Il fatto che Londra e Parigi abbiano pagato a caro prezzo il mancato ricorso alle armi nel 1938 non contraddice questo assunto. Infatti si credette veramente che l'accordo siglato a Monaco il 30 settembre 1938 avesse impedito lo scoppio di una guerra assicurando nel contempo le condizioni di cui in particolare gli inglesi avevano bisogno per conservare la loro posizione di preminenza su scala mondiale e per garantire la sicurezza del loro impero: per questo il prezzo pagato parve tutto sommato accettabile. La politica di *appeasement* non fu insomma una manifestazione di «altruismo», ma una strategia pragmatica al servizio degli interessi nazionali, mediante la quale i governi dei paesi democratici risposero con contromisure economiche e politiche alla sfida lanciata dagli stati aggressori. Londra e Parigi si proposero di controllare questi ultimi riconducendoli nell'ambito delle regole che presiedevano alla soluzione dei conflitti in campo internazionale; Chamberlain credette di avere ottenuto precisamente questo, ma quel che il premier inglese non poteva immaginare era che Hitler, ancor prima dell'inizio della conferenza, aveva detto a Mussolini di considerare inevitabile la guerra contro la Francia e l'Inghilterra. All'epoca, infatti, il dittatore si era ormai convinto che il governo inglese, nonostante avesse in precedenza (novembre del 1937) auspicato una amichevole composizione dei reciproci interessi, avrebbe continuato a non lasciargli mano libera sul continente. Sicché si comportò di conseguenza e tre settimane dopo la conclusione della conferenza di Monaco venne meno ancora una volta alla parola data.

A partire dal 21 ottobre 1938 i militari cominciarono i preparativi per la «liquidazione di quel che resta[va] della Cecoslovacchia» e per la «occupazione della regione del Memel». Ma ancora una volta la parola non passò alle armi. La Lituania, infatti, fu costretta ad accettare l'ultimatum e il 23 marzo 1939 le truppe tedesche entrarono nella regione del Memel, abitata in prevalenza da tedeschi. Contro Praga, invece, Berlino usò la carta del separatismo slovacco: il 15 marzo, vale a dire il giorno successivo alla dichiarazione di indipendenza di Bratislava, il presidente Emil Hácha dovette sottoscrivere un trattato imposto sotto la minaccia delle armi che ridusse la Boemia e la Moravia a un «protettorato del Reich». La Germania, in tal modo, si impadronì per la prima volta di territori che erano al di fuori dei suoi confini nazionali. In preda all'esaltazione per il successo ottenuto, il 15 marzo Hitler non si peritò di affermare proprio nel castello di Praga: «Non vorrei certo lodarmi, ma devo riconoscere che in questo caso ho agito con eleganza». Il comportamento di Londra e Parigi sembrò dargli ragione; infatti i due governi, pur rifiutandosi di accettare il fatto compiuto della dissoluzione dello stato cecoslovacco, non ruppero le relazioni con Berlino perché a Chamberlain e al primo ministro francese, Edouard Daladier, quel che continuava a premere era soprattutto mantenere la pace il più a lungo possibile. Il Führer aveva invece obiettivi esattamente opposti. I nazisti in questo modo realizzarono un grande guadagno in termini di divise estere, riserve auree, materiali grezzi, fabbriche di armi e derrate alimentari; inoltre anche la preparazione della guerra venne considerevolmente accelerata, dal momento che la Wehrmacht poté mettere le mani su una enorme quantità di materiale bellico di ogni genere. A ciò si aggiunga, per finire, che la Slovacchia, formalmente indipendente ma di fatto un satellite della Germania, venne ad aumentare il territorio utilizzabile per un eventuale attacco contro la Polonia.

3. *La determinazione ad aggredire*

Sulla decisione di Hitler di scatenare la guerra nel corso del 1939 pesarono diversi fattori. Pare ormai assodato che il cinquantenne Führer si fosse convinto di non dover attendere oltre per due motivi: uno soggettivo e l'altro oggettivo. Tanto per cominciare, egli riteneva che non sarebbe vissuto ancora a lungo e sapeva che l'accelerato riarmo degli avversari avrebbe alla lunga vanificato il vantaggio che la Wehrmacht si era faticosamente assicurata negli anni precedenti. Inoltre il Reich si trovava in una situazione assai difficile sul piano sia economico sia finanziario. In nessun caso, infatti, sarebbe stato possibile sostenere a lungo, e contemporaneamente, una produzione di beni di consumo capace di soddisfare le aspettative della popolazione e una produzione bellica adeguata ai piani di guerra che si venivano preparando.

Nel complesso, è certo che dopo la dissoluzione della Cecoslovacchia Hitler considerò giunto il momento di fare ciò che, stando alle sue stesse dichiarazioni, faceva più volentieri di ogni altra cosa: giocare d'azzardo! Il dittatore, in altre parole, voleva innanzi tutto realizzare i suoi obiettivi a medio termine, perché pensava che nessun suo successore ne sarebbe stato capace; una volta raggiunti, la Germania sarebbe assurta al rango di quarta grande potenza accanto a USA, Gran Bretagna e Giappone, avrebbe dominato tutta l'Europa continentale fino alla linea Volga-Arcangelo e avrebbe posseduto in Africa un impero coloniale esteso dall'Atlantico all'oceano Indiano.

Questo disegno trovò riscontro nella nuova offerta che Berlino fece a Varsavia il 23 marzo: riconoscimento del confine occidentale polacco, del corridoio della Vistola, del porto franco di Danzica e delle rivendicazioni territoriali polacche in Ucraina. Come contropartita Berlino chiese la germanizzazione della città libera di Danzica, che era sotto la protezione della Società delle Nazioni, e un collegamento stradale e ferroviario extraterritoriale con la Prussia orientale. Oltre a ciò il paese avrebbe dovuto mettere a disposizione il proprio territorio per lo spiegamento delle forze destinate ad attaccare l'Unione Sovietica o a «coprire le spalle» in caso di una precedente guerra a ovest.

Hitler reagì al rifiuto di Varsavia (26 marzo) impartendo il 3 aprile l'ordine di predisporre il piano per l'attacco alla Polonia (*Fall Weiss*: piano «Bianco») che doveva essere realizzabile in qualsiasi momento a partire dal primo settembre 1939: voleva la guerra, possibilmente senza che vi prendessero parte gli inglesi. Nei mesi successivi intensificò quindi gli sforzi per isolare la Polonia sul piano internazionale, per far sì che la popolazione tedesca «volesse» la guerra e, al contrario, per indurre gli altri paesi a non prendervi parte, per bloccare le iniziative di pace e per mettere insieme il gruppo di potenze più adatto alla graduale realizzazione del suo programma.

Dopo il 15 marzo del 1939 cominciò la fase finale dell'annosa lotta tra i politici della pace e i guerrafondai. La Gran Bretagna si mise alla testa del campo democratico, mentre la Francia, debole all'interno e, come potenza militare, sopravvalutata almeno quanto la Polonia, giocò soltanto un ruolo di secondo piano. Contemporaneamente il governo Chamberlain, anche se in linea di principio non si discostò da una posizione favorevole al dialogo, cambiò metodo e cominciò a ribattere a tutte le iniziative e azioni che, a torto o a ragione, sembravano mettere in pericolo la pace con misure e comportamenti caratterizzati subito da una ben maggiore determinazione rispetto al passato più recente: tali si possono considerare, ad esempio, la garanzia accordata il 31 marzo da inglesi e francesi alla Polonia in difesa della sua indipendenza e quella concessa dai due governi allo stesso scopo anche alla Romania e alla Grecia sei giorni dopo l'invasione italiana dell'Albania (7 aprile). Anche la dichiarazione di mutua assistenza che Londra sottoscrisse il 12 maggio con Ankara, e alla quale poco dopo (23 giugno) si associò anche Parigi, testimonia questa inversione di rotta. Passi fondamentali della nuova strategia inglese di contenimento e intimidazione furono inoltre l'introduzione della leva obbligatoria il 26 aprile 1939, l'ulteriore rafforzamento dell'esercito, il potenziamento della difesa aerea e l'avvio di trattative in vista della costituzione di una alleanza difensiva antitedesca nell'Europa orientale; tali trattative fallirono su tutta la linea solo nell'agosto del 1939 a causa della diffidenza manifestata dagli stati che avrebbero dovuto essere protetti contro le mire tedesche a proposito dell'ingresso e del transito dell'Armata rossa sui rispettivi territori.

Già in precedenza, a luglio, i colloqui anglotedeschi tra esperti non di alto livello erano finiti in un vicolo cieco. Londra, infatti, si mostrò sì disponibile a sottoscrivere generose intese economiche e politiche, ma continuò a insistere sul fatto che tutti i cambiamenti territoriali avrebbero dovuto assolutamente avvenire in modo pacifico: una prospettiva inaccettabile per Hitler, da sempre intenzionato a realizzare il suo *Lebensraumprogramm* esclusivamente con la forza. Quel che è certo è che il Führer, che il 28 aprile aveva denunciato il patto di non aggressione con la Polonia e l'accordo navale con l'Inghilterra, si mostrò assolutamente intransigente e non deflettè dai suoi piani, per la cui realizzazione tornò utile l'isolamento geostrategico della Polonia. A partire dalla metà di marzo, inoltre, in seguito alla disponibilità al dialogo manifestata da Stalin si era registrata una promettente evoluzione nelle relazioni tedesco-sovietiche.

Rivolgendosi all'Occidente, il 23 maggio 1939 Hitler

dichiarò davanti agli alti gradi della Wehrmacht che il Reich non avrebbe esitato, in caso estremo, a raccogliere la sfida di Londra e Parigi, ma aggiunse anche che sperava di poter ancora evitare un intervento anglofrancese, un obiettivo che parve concretamente perseguibile mediante una alleanza a tre italo-tedesco-giapponese; il coinvolgimento di Mosca, invece, diede luogo a valutazioni di segno contrastante. A Berlino, infatti, era diffusa la convinzione che già un patto a tre avrebbe tenuto lontano dalla guerra inglesi e francesi, dal momento che esso avrebbe costituito una continua, latente minaccia per i loro collegamenti marittimi e le loro colonie, e li avrebbe comunque costretti a dividere le forze anche se Roma e Tokyo non fossero intervenute subito al fianco della Germania.

Con la convinzione che la Germania avrebbe evitato di scatenare un conflitto generale almeno fino al 1943, il 22 maggio del 1939 Roma stipulò con Berlino un'alleanza militare pressoché incondizionata: il «patto d'acciaio». Divisi sulla questione dell'alleanza – erano concordi solo per quanto riguardava l'orientamento antisovietico del patto –, i giapponesi si mostrarono di contro esitanti. La situazione cambiò dopo il 20 agosto, quando l'Armata rossa inflisse una cocente sconfitta ai giapponesi dell'armata del Kuantung nella regione mongolo-manciuriana di Nomonhan-Haruha. I generali imperiali si resero conto che non avrebbero potuto tenere testa all'Armata rossa, sicché la sconfitta patita e l'armistizio che ne seguì il 15 settembre 1939 non inflissero solo un colpo mortale ad ogni progetto di espansione verso nord, ma indussero l'impero insulare, ed in particolare lo stato maggiore della marina, a privilegiare sempre più un vasto piano di espansione verso sud che l'avrebbe portato su una rotta di collisione con le potenze occidentali.

Ancor prima del disastro giapponese, Joachin von Ribbentrop e Vjaceslav M. Molotov avevano firmato a Mosca un «patto di non aggressione tra la Germania e l'Unione Sovietica». Al testo ufficiale venne aggiunto un protocollo segreto con il quale i due dittatori, la cui intesa provocò grande disorientamento e irritazione non solo tra i comunisti ma anche tra gli stessi nazisti, si spartirono l'Europa centrorientale. Nella zona di influenza sovietica vennero incluse la Finlandia, l'Estonia, la Lettonia e la Bessarabia, in quella di Berlino la Lituania, compreso il territorio di Vilnius: la linea Narew, Vistola e San avrebbe delimitato le sfere di influenza dei due paesi nel caso di una nuova divisione dello stato polacco.

Tutto questo corrispondeva agli obiettivi, essenzialmente improntati a valutazioni di realismo politico, di Stalin: ridisegnare la carta geopolitica dal Baltico al mar Nero, garantirsi il tempo necessario per procedere sulla strada della industrializzazione e della modernizzazione economica, intensificare la produzione bellica e dare vita a una situazione in cui Mosca – senza dover necessariamente intervenire militarmente – avrebbe potuto svolgere un ruolo decisivo rispetto ai paesi stremati dalla guerra e impedire in tal modo il ritorno allo *status quo ante* nell'Europa orientale.

Hitler invece sottoscrisse il patto, che fu preceduto, il 19 agosto, da un accordo commerciale e creditizio bilaterale, per motivi contingenti: neutralizzare l'unica potenza in grado di appoggiare direttamente la Polonia, evitare una lunga guerra su due fronti, assicurare alla Germania i necessari rifornimenti di derrate alimentari e di materie prime, dare vita a una costellazione di potenze in grado di distogliere Parigi e Londra da ogni proposito di intervento. Nello stesso tempo, il patto di non aggressione, che Hitler – come sempre deciso a realizzare il suo *Lebensraumprogramm* all'est – stipulò con Stalin, per così dire, contro l'Unione Sovietica, avrebbe dovuto convincere anche quanti, nel suo campo, non nascondevano il loro scetticismo nei confronti delle possibilità di vittoria della Germania. Ma quel che contava soprattutto era il fatto che l'intesa conteneva un impegno al mantenimento della neutralità che rendeva possibili attacchi nei confronti di paesi terzi. A fronte di tutto questo, non venne dato alcun peso alle proteste di Tokyo e al brusco raffreddamento delle relazioni tra la Germania e il Giappone conseguente alla firma del patto: a paragone con l'intesa tedesco-sovietica, infatti, ogni alleanza militare tedesco-giapponese avrebbe avuto, dal punto di vista strategico, un minor valore.

Nell'ultima settimana di agosto si assistette ad appelli alla pace, offerte di mediazione, finte manovre, tentativi di intimidazione e misure di mobilitazione. Il 25 il dramma si avviò verso il suo epilogo: Hitler emanò l'ordine di attacco per il giorno successivo, e già i soldati erano in marcia verso gli obiettivi designati quando Mussolini fece sapere che sarebbe rimasto neutrale perché l'Italia non era preparata a sostenere il peso di una guerra. All'ultimo sopraggiunse anche la notizia della firma del patto di mutua assistenza anglo-polacco; l'ordine di attacco venne così revocato.

Dunque Hitler si trovava in una situazione di stallo? Nient'affatto! Ancora una volta egli giocò con freddezza. Certo, i movimenti di truppe vennero arrestati, ma solo perché i generali ai quali venne data la possibilità di accelerare e completare l'ancora parziale mobilitazione considerarono la cosa fattibile. Per dirla in breve: il Führer cercò di imbrogliare le carte per minare alla base l'alleanza anglo-franco-polacca e, quando si rese conto che non sarebbe riuscito nel suo intento, il 31 agosto ordinò di tenersi pronti ad attaccare già l'indomani. Uomini delle SS travestiti da soldati polacchi assalirono la radio tedesca di Gleiwitz per consentire al governo di Berlino di presentare propagandisticamente l'aggressione come una reazione a violazioni di confine da parte polacca, e si registrarono i primi morti. Prese così il via una guerra senza freni, il cui inizio rappresentò il peccato originale che avrebbe resi possibili tutti i crimini a venire.

4. *Lo scatenarsi della guerra*

Alle ore 4 e 45 del primo settembre la Wehrmacht attaccò la Polonia senza alcuna dichiarazione di guerra, in aperta violazione delle norme del diritto internazionale vigente. Londra e Parigi chiesero l'immediata cessazione delle ostilità e il ritiro delle truppe tedesche dal territorio polacco: siccome le note inviate dai due paesi rimasero senza risposta, due giorni dopo Londra e Parigi chiesero a Hitler, in forma ultimativa, di dare soddisfacenti assicurazioni in tal senso entro le 11 antimeridiane del 3 settembre. Alla scadenza dell'ultimatum, Gran Bretagna, Francia, Australia, India e Nuova Zelanda dichiararono di ritenersi in stato di guerra con il Reich tedesco. Il giorno 6 fu la volta dell'Unione sudafricana, il 10 del Canada.

Il dittatore si rivolse immediatamente al popolo e al partito per proclamare che la responsabilità della guerra ricadeva per intero sul «nemico mondiale giudeo-democratico» della Germania. Ma il conflitto – disse – avrebbe avuto come risultato, cosa che peraltro egli aveva prefigurato nel discorso tenuto davanti al Reichstag il 30 gennaio del 1939, lo «sterminio della razza ebraica in Europa», un obiettivo cui Hitler puntava seriamente. Il genocidio degli ebrei europei costituiva infatti, oltre alla conquista dello «spazio vitale» all'est come irrinunciabile presupposto per il vittorioso assalto al potere mondiale, l'altro vero obiettivo bellico. La messa in pratica dei suoi progetti al riguardo cominciò già con l'invasione della Polonia mediante le esecuzioni su vasta scala e l'adozione di specifiche misure amministrative. Per quanto concerne la reazione interna alle dichiarazioni di guerra degli alleati vi sono testimonianze diverse. Joseph Goebbels, ministro del Reich per l'Educazione popolare e la Propaganda, annotò il 4 settembre nel suo diario che il Führer era «molto fiducioso» e in Occidente prevedeva, fino alla vittoria sulla Polonia, una «Kartoffelkrieg» cioè una guerra senza battaglie decisive: all'inizio di settembre, in effetti, Hitler sperava in un ripensamento degli anglofrancesi. Era però un'illusione, dal momento che – come già il cinque dello stesso mese il segretario di Stato agli Affari esteri Ernst von Weizsäcker presagiva nelle sue «carte» – non bisognava supporre che i «nemici» avrebbero fatto la «pace» con Hitler e Ribbentrop. Weizsäcker aveva ragione: vennero certo fatti diversi tentativi per raggiungere una pace di compromesso o separata, ma a causa della natura stessa del conflitto in atto e delle posizioni di fondo dei principali attori sulla scena tali tentativi erano destinati all'insuccesso fin dall'inizio.

Hitler, il quale per 79 mesi, insieme agli esponenti militari, diplomatici, economici e scientifici della politica revanscista e aggressiva tedesca, aveva preparato la guerra che poi condusse – senza gli intervalli originariamente previsti – per altri 68, raggiunse nell'estate del 1939 il suo obiettivo. Tuttavia, contrariamente alle sue previsioni, l'attacco di sorpresa alla Polonia si allargò immediatamente in una guerra contro i due maggiori imperi mondiali: solo i *dominions*, le colonie e i mandati britannici comprendevano un quarto del pianeta. Si aggiunga che gli Stati Uniti, benché fossero ufficialmente neutrali, non nutrivano simpatie per i tedeschi, che si trovarono a seguire lealmente il loro Führer in una guerra in cui alla Wehrmacht mancò un disegno strategico.

Il primo settembre del 1939 segnò dunque il trionfo dei guerrafondai sui politici della pace, i quali, certo, non riuscirono a impedire il conflitto, benché questo non possa né debba significare che furono loro a facilitarlo. Per giudicare equamente la loro politica occorre chiedersi quali alternative all'*appeasement* sarebbero state adeguate, e quando sarebbero state realizzabili, nonché con quali conseguenze: sempre tenuto conto dei fatti militari, delle condizioni della politica economica e interna, della situazione internazionale e degli interessi nazionali. Se dunque si fa riferimento alla concreta situazione storica e non si dimentica che, con Hitler saldamente al potere, si poteva soltanto procrastinare lo scatenamento della guerra, ma certo non impedirlo, il bilancio della politica di *appeasement* non risulta negativo.

Il dittatore avrebbe scatenato la guerra nel settembre del 1939 anche senza il patto di non aggressione con Mosca? È una domanda alla quale non si può rispondere in maniera definitiva. È certo che un machiavellico rappresentante della Realpolitik come Stalin, che, come qualsiasi altro politico, pensava prima di tutto al suo paese, contribuì alla stabilizzazione economica della Germania e quindi avvicinò molto l'inizio della guerra. Non va tuttavia dimenticato che l'ultimo e decisivo passo al riguardo fu compiuto da Hitler, di propria volontà: non fu mosso da alcuna «necessità oggettiva», e nessuno lo indusse con l'astuzia a tanto.

CAPITOLO SECONDO

LE GUERRE «SECONDARIE» NON RISOLUTIVE

A partire dal 1° settembre del 1939 il Reich condusse una guerra che, per dirla con le parole del filosofo Karl Jaspers, nell'«origine e per come venne condotta» manifestò una «criminale malvagità e la totalità assolutamente priva di scrupoli della volontà di sterminio», e nel corso della quale la «Wehrmacht come organizzazione» accettò di «mettere in pratica gli ordini criminali di Hitler»; per questo scopo furono mobilitati circa 4.600.000 uomini. Delle 103 divisioni messe in campo dall'esercito, 43 divisioni di fanteria, tra cui 21 di scarsa capacità operativa, erano schierate sul fronte occidentale tra Nordhorn e Basilea; all'est erano dislocate 55 grandi unità e alcune minori, reparti delle SS armate (denominati a partire dalla fine del 1939 *Waffen-SS*) e contingenti slovacchi. L'esercito non era ancora del tutto pronto per la guerra e inoltre le scarse risorse disponibili creavano non poche difficoltà a livello di approvvigionamento e di riserve. D'altra parte non c'è dubbio che esso disponeva dei mezzi necessari per infliggere un efficace *first strike*.

La Francia poteva schierare 94 divisioni e poco meno di 5.000.000 di uomini. Sul piano dell'addestramento, dei materiali disponibili e del livello tecnico delle armi in dotazione i due eserciti – quello tedesco e quello francese – erano circa equivalenti. A ciò si aggiunga che in settembre cominciarono a mettere piede sul continente i primi reparti del corpo di spedizione inglese, che nel maggio del 1940 giunse a toccare la cifra di 400 mila effettivi (13 divisioni con una capacità operativa non sempre adeguata). Nel 1939 l'Inghilterra disponeva di un esercito che poteva nel complesso contare su 1.270.000 uomini.

La Luftwaffe disponeva di 4.093 aerei da combattimento, tra cui 1.542 bombardieri, 771 caccia e 408 cacciabombardieri. La RAF (Royal Air Force), che aveva 1.460 aerei da combattimento, poteva schierare come minimo 536 bombardieri e 608 caccia. Quanto alla Francia, allo scoppio della guerra disponeva di 1.735 aerei da combattimento, tra cui 590 caccia e 643 bombardieri.

Con 2 corazzate, 3 corazzate tascabili, 1 incrociatore pesante, 6 incrociatori leggeri, 21 cacciatorpediniere, 12 torpediniere e 57 sommergibili, la Kriegsmarine si trovava in una chiara situazione di inferiorità. La Royal Navy, infatti, poteva schierare 15 corazzate, 7 portaerei, 15 incrociatori pesanti e 49 incrociatori leggeri, 192 cacciatorpediniere e 62 sommergibili. A sua volta, la marina da guerra francese poteva contare su 7 corazzate, una portaerei, 7 incrociatori pesanti e 11 incrociatori leggeri, 61 cacciatorpediniere, 12 torpediniere e 79 sommergibili pronti all'impiego. (D'altra parte, per quanto attiene alle cifre fin qui citate nonché a quelle che seguiranno, bisogna osservare che di norma sono disponibili anche altri dati. Allo stesso modo, occorre tenere presente che gli effettivi, le armi leggere e pesanti, gli aerei e le navi da guerra non sempre risultano, dal punto di vista qualitativo, facilmente confrontabili.)

1. *La guerra contro la Polonia*

Il 1° settembre 1.500.000 tedeschi – con una netta superiorità in termini di artiglieria e carri armati – attaccarono 1.300.000 polacchi, distribuiti in 37 divisioni e 13 brigate (ma il numero delle truppe combattenti fu notevolmente più basso). I vecchi aerei polacchi si lanciarono senza alcuna speranza contro i mezzi ben più moderni in dotazione alla Luftwaffe, mentre le insignificanti forze navali non ebbero alcun ruolo di rilievo. Due gruppi di armate con 54 divisioni, di cui sei corazzate, manovrarono verso la capitale polacca muovendo dalle loro basi in Pomerania, Slesia, Slovacchia e Prussia orientale. Varsavia cadde il 27 settembre, la cittadella di Modlin, anch'essa un centro di resistenza, il giorno seguente; gli ultimi reparti combattenti alzarono bandiera bianca il 6 ottobre. Circa 90 mila uomini riuscirono a riparare nei paesi vicini, e da lì quasi tutti raggiunsero la Francia, dove l'anno successivo combatterono in 84 mila a fianco degli alleati.

Il fatto che le potenze occidentali siano rimaste sulla difensiva, nonostante lo spostamento all'est del baricentro delle forze tedesche, si può in parte spiegare con il sistema di mobilitazione francese, l'insistenza su principi tattico-operativi ormai superati, la sopravvalutazione del nemico e le esperienze fatte nella Grande guerra, che consigliavano di rimanere in attesa dietro la linea Maginot, una cintura difensiva realizzata a protezione dell'Alsazia-Lorena. Inglesi e francesi, inoltre, non vollero violare la neutralità dei paesi del Benelux (Belgio, Olanda, Lussemburgo), ciò che invece sarebbe stato inevitabile se avessero deciso di attaccare il nemico aggirando, a nord, il vallo occidentale tedesco, che andava da Basilea a Kleve. Decisivo, tuttavia, risultò il fatto che il comandante in capo delle forze alleate, il generale Maurice-Gustave Gamelin, adottò una strategia basata sulla previsione di una guerra lunga che avrebbe progressivamente e inevitabilmente logorato il nemico.

Il successo che Hitler riportò nella prima delle cinque guerre «secondarie» (Polonia, Scandinavia, Francia, Balcani e Africa del nord) combattute prima dell'invasione dell'Unione Sovietica, invasione che diede avvio, per così dire, alla sua guerra principale, fu dovuto in primo luogo alla superiorità operativa, oltre che in fatto di armamenti e materiali, alla rapida eliminazione delle forze aeree avversarie e alla possibilità di muovere l'offensiva da favorevoli posizioni di partenza.

Per evitare di subire eccessive perdite i tedeschi avevano premuto sui sovietici per indurli a intervenire quanto prima. Ma è probabile che Stalin abbia preferito non farlo per almeno quattro motivi: l'evento decisivo in Estremo Oriente, vale a dire l'armistizio con il Giappone che escluse definitivamente l'eventualità di una guerra su due fronti, cadde solo a metà settembre; la rapida vittoria dei tedeschi colse tutti, e dunque anche i sovietici, di sorpresa; la mobilitazione delle truppe diede inoltre luogo a qualche problema; Stalin, infine, che voleva far credere che per lui erano in gioco solo i territori contesi tra Mosca e Varsavia, non intendeva agire prima della estinzione pura e semplice della Polonia in quanto stato sovrano. Ciò che avvenne il 17 settembre, quando il governo polacco lasciò il paese: solo a questo punto l'Armata rossa si mosse a sua volta.

Gli aggressori non tardarono invece a dividersi il bottino. Ribbentrop e Molotov sottoscrissero già il 28 settembre un trattato di amicizia e di delimitazione dei confini, che fissò la linea di demarcazione all'interno di quella che fino ad allora era stata la Polonia. Mosca ottenne la Polonia orientale, e anche la Lituania, a eccezione della striscia di terra di Suvalki, entrò a far parte della sua sfera d'influenza. Il Reich, al quale spettarono la Polonia centrale e occidentale, ottenne in più, a titolo di compensazione, parti dei voivodati di Varsavia e Lublino, cioè territori che confinavano con il Bug: il confine orientale della sfera di competenza tedesca venne dunque spostato verso est, al massimo, di 450 km. Direttamente al Reich fu annessa la Polonia occidentale, divisa nei due nuovi *Gaue* di Danzig-Westpreußen e Wartheland. Con i distretti governativi di Kattowitz e di Zickenau, il primo aggregato alla Slesia e il secondo alla Prussia orientale, i nuovi territori raggiungevano una estensione di 90 mila km^2 e contavano poco meno di dieci milioni di abitanti. Con quel che restava del territorio polacco fino alla linea di demarcazione con l'Unione Sovietica i tedeschi diedero vita al Governatorato generale (12.000.000 di abitanti distribuiti su 98 mila km^2 di territorio), che sarebbe servito soprattutto come luogo di deportazione, in particolare di ebrei, e per lo sfruttamento e la fornitura di manodopera schiavizzata.

Finì così una guerra sulla cui natura Hitler si era apoditticamente pronunciato rivolgendosi ai comandanti superiori dell'esercito, della marina e dell'aviazione, insieme ai loro capi di stato maggiore nonché ai capireparti del Comando Supremo della Wehrmacht, alla vigilia della firma del patto di non aggressione con l'Unione Sovietica: la guerra, aveva detto il dittatore, dovrà essere condotta in modo brutale, senza pietà e con la massima durezza. Il Führer non voleva che si combattesse una «normale» guerra europea. Al contrario, egli indicò agli astanti un obiettivo preciso: la «eliminazione delle forze vive» della Polonia e la «distruzione» del paese. E così fu, senza che i vertici delle tre armi trovassero la forza per opporsi.

Per questo il generale d'armata Johannes Blaskowitz, comandante delle truppe di occupazione, protestò inutilmente presso il comandante supremo dell'esercito, generale d'armata Walther von Brauchitsch, contro il «massacro» di «ebrei e polacchi». Lo stesso dicasi per le proteste che alcuni alti comandanti in zona di operazioni, all'est come all'ovest, sollevarono contro le azioni criminali di sei *Einsatzgruppen* (gruppi operativi) della Polizia di sicurezza, all'incirca 2.700 uomini divisi in 16 *Einsatzkommandos* (comandi operativi) e di una *Einsatzgruppe zbV* (per compiti speciali) che nella zona di operazioni dipendevano dall'esercito: queste unità eseguirono massicci arresti di ebrei, membri del clero, esponenti dell'aristocrazia e dell'intellighenzia polacca, che poi provvidero a deportare o semplicemente a eliminare in quanto, dicevano, elementi ostili al Reich e al popolo tedesco. Però non solo gli sbirri di Heinrich Himmler, il comandante in capo delle SS e capo della polizia tedesca, ma anche militari della Wehrmacht uccisero civili innocenti, incendiarono sinagoghe, fattorie e interi villaggi, seviziarono prigionieri e civili inermi, stuprarono donne, saccheggiarono case e negozi.

Il fatto è anche che i polacchi, della cui sorte il cittadino medio tedesco si preoccupò ben poco, dopo la sconfitta del loro paese vennero considerati degli *Untermenschen* (uomini inferiori) e trattati di conseguenza. La guerra tedesco-polacca e l'occupazione che ne seguì divennero – se considerate storicamente – un modello per la devastazione dell'Europa mediante una guerra che, nella sua impostazione e nella sua condotta, venne fortemente influenzata dall'ideologia nazista.

Gli abusi stigmatizzati da Blaskowitz, e non solo da lui, riguardavano decine di migliaia di persone, ma Brauchitsch tenne un comportamento perfettamente in linea con la politica che Hitler aveva delineato per la Polonia; come molti altri, egli probabilmente condivideva l'opinione del Führer secondo cui chi aveva la «forza» aveva dalla sua anche il «diritto». Se mai se ne preoccuparono, i nazisti considerarono infatti il diritto internazionale solo in modo assolutamente discrezionale. Prese di posizione come quelle di Blaskowitz facevano letteralmente infuriare Hitler. Sicché non a caso il 7 ottobre egli nominò Himmler «Commissario del Reich per il rafforzamento dei caratteri nazionali tedeschi» e quindi responsabile dell'attuazione della politica razzista di trasferimento, germanizzazione ed eliminazione nei paesi occupati dalla Wehrmacht. Riguardo al previsto e programmato sterminio degli ebrei europei esisteva tra queste tre sfere d'attività una relazione diretta.

Inoltre, in quello stesso mese di ottobre ma retrodatato al primo settembre, venne emanato un decreto di Hitler che, sotto l'asettica definizione di «eutanasia», stabiliva la *eliminazione delle vite prive di valore*: un crimine pianificato da molto tempo, di cui la guerra rese possibile la messa in atto allo stesso modo in cui rese possibile il genocidio degli ebrei europei. Quel che è certo è che il regime eliminò con il gas, il veleno, le fucilazioni o fece morire di fame all'incirca 120 mila malati o handicappati. La cosa, comunque, sollevò proteste tra la popolazione e anche da parte delle Chiese, con il risultato che alla fine del 1941 i nazisti interruppero l'uccisione degli ammalati, ma senza rinunciarvi del tutto. Per il resto non pare che un tale crimine di massa abbia nuociuto alla reputazione di Hitler presso i «compatrioti», i *Volksgenossen*.

Comunque nel suo discorso del 6 ottobre il dittatore invitò Londra e Parigi a prendere atto della avvenuta distruzione dello stato polacco. Se avessero agito così, le due potenze occidentali avrebbero di fatto abbandonato i polacchi, i cui interessi nazionali erano ora rappresentati da un governo in esilio guidato dal generale Wladyslaw Sikorski, all'arbitrio non solo dei tedeschi, ma anche dei sovietici. Dunque non c'è da stupirsi se il presidente del consiglio francese Daladier e il premier inglese Chamberlain respinsero, rispettivamente il 10 e il 12 ottobre, l'invito del Führer: a quel punto tutti i segnali lasciavano intendere che il conflitto si sarebbe spostato a ovest, e Goebbels, il 14 ottobre, annotò nel suo diario che Hitler era «felice perché finalmente poteva muovere contro l'Inghilterra». Infatti già tre giorni dopo il summenzionato discorso aveva provveduto a emanare la direttiva n. 6 per la preparazione dell'attacco sul fronte occidentale.

E Stalin? Sfruttò la situazione per garantirsi contro il rischio di possibili sorprese nel conflitto anglo-franco-tedesco, annettendosi senza alcun riguardo 201 mila km^2 di territorio polacco con i suoi 11.700.000 abitanti. I sovietici presero di mira con grande brutalità il ceto dirigente e l'intellighenzia, liquidarono migliaia di ufficiali nonché di agenti di polizia fatti prigionieri e procedettero a giganteschi «trasferimenti» di popolazione. Il dittatore sovietico, inoltre, tra il 28 settembre e l'11 ottobre impose di fatto agli stati baltici una serie di patti di non aggressione e di assistenza militare, costringendoli anche a cedere all'Unione Sovietica un certo numero di basi.

Quando Helsinki si rifiutò di accogliere un'analoga richiesta, Mosca simulò un incidente di frontiera; poco dopo, il 30 novembre, l'Armata rossa, forte di 1.200.000 uomini e di 3 mila carri armati, attaccò la Finlandia, che però oppose una sorprendente resistenza nonostante la sua netta inferiorità in fatto di uomini (200 mila in tutto) e mezzi. Il 13 marzo del 1940, tuttavia, Helsinki dovette cedere le armi di fronte alla schiacciante superiorità del potente vicino e accettò un diktat che le costò la cessione all'URSS del 10% del territorio (l'istmo di Carelia e la base navale di Hangö) e trasformò in profughi ben 400 mila cittadini finlandesi.

Gli alleati pensarono allora a un intervento in Finlandia per sbarrare al Reich la via ai minerali di ferro svedesi. Certo, ciò avrebbe portato a una guerra con l'URSS, ma in tal caso sarebbe stato possibile bombardare i giacimenti petroliferi del Caucaso, colpendo così la fonte dei rifornimenti di petrolio sia tedeschi sia sovietici. Il progetto fallì già nella fase di messa a punto, e l'insuccesso costò il posto al presidente del consiglio francese Daladier, cui subentrò, il 21 marzo 1940, Paul Reynaud.

A partire dalla fine del 1939 i tedeschi cominciarono a preparare, unitamente alla campagna sul fronte occidentale, anche l'invasione della Danimarca e della Norvegia (operazione «Weserübung»), e le istruzioni emanate al riguardo il primo marzo del 1940 (direttiva n. 10a) non potevano essere più chiare in merito alle tre ragioni strategiche per cui bisognava occupare i due paesi: assicurare i rifornimenti di minerali di ferro dalla Svezia, controllare le vie d'accesso al Baltico ed estendere le basi di partenza della marina e della Luftwaffe per condurre le operazioni belliche contro l'Inghilterra. A lungo andare la Norvegia e la Danimarca sarebbero poi dovute diventare parte integrante dell'impero continentale tedesco. Non a caso il 9 aprile del 1940 Goebbels annotò sul suo diario che il Führer non avrebbe mai più restituito i «due paesi».

In quello stesso giorno la Wehrmacht diede inizio alla sua audace ma rischiosa operazione. L'occupazione della Danimarca avvenne rapidamente, mentre in Norvegia i combattimenti si protrassero per un paio di mesi. Il fallimento di un tentativo di spedizione inglese nella parte meridionale del paese portò alle dimissioni di Chamberlain, il 10 maggio, e alla formazione di un governo di unità nazionale presieduto da Winston S. Churchill. A nord, invece, gli anglofrancesi, appoggiati da unità polacche e norvegesi, riuscirono a riconquistare Narvik il 28 maggio. Ma l'8 giugno, in seguito ai catastrofici sviluppi delle operazioni militari in Francia, l'azione dovette essere interrotta. Due giorni dopo le forze armate norvegesi capitolarono e il re Haakon VII imboccò la via dell'esilio insieme a tutto il suo governo.

Le perdite di uomini e materiali furono molto alte da entrambe le parti, e la Kriegsmarine in particolare subì colpi molto duri; sicché c'è da chiedersi se l'intera operazione, nonostante i vantaggi ottenuti sul piano economico e l'oggettivo miglioramento delle posizioni in vista della guerra contro l'Inghilterra e l'Unione Sovietica (a partire dal 1941) non si sia piuttosto risolta in una vittoria di Pirro. In fin dei conti rimasero impegnati nel teatro settentrionale 350 mila soldati, e probabilmente la campagna in Occidente avrebbe comunque garantito l'afflusso di minerali di ferro; né bisogna dimenticare che proprio l'esito vittorioso di tale campagna ridusse l'importanza operativa delle basi norvegesi, dal momento che la Wehrmacht poté disporre di basi sulla costa atlantica e lungo il canale. Solo l'inizio della guerra all'est avrebbe rivalutato il ruolo della Norvegia in relazione alla guerra sul mare.

3. *La campagna occidentale*

Hitler cominciò la sua terza guerra «secondaria» quando la seconda era ancora in corso. A causa delle condizioni del tempo, delle riserve avanzate dai suoi generali e di altri fattori, egli si vide costretto a rinviare per ben 29 volte la data fissata per un attacco che avrebbe dovuto aver luogo già nel 1939. I continui rinvii, d'altra parte, si ripercossero positivamente sulla pianificazione e la preparazione della campagna, e alla fine la crescente solidità delle concezioni operative del 1939-40 tolse vigore a quanti si opponevano con argomentazioni in primo luogo di ordine tecnico-militare.

Quando, il 10 maggio, la «guerra di posizione» si trasformò in guerra di movimento, la Wehrmacht iniziò le operazioni sulla base di un piano brillante ma estremamente rischioso. Alla fine i generali dovettero la loro vittoria non per ultimo al fatto che il nemico commise proprio quegli errori che doveva commettere per rendere concretamente possibile il successo della campagna in due fasi – piano «Giallo» e piano «Rosso» – concepita dallo stato maggiore.

La concezione strategica alla base del piano «Giallo» prevedeva l'annientamento dei contingenti alleati stanziati nel nord della Francia, in Belgio, Olanda e Lussemburgo (in spregio alla neutralità di questi ultimi tre paesi) mediante due grandi operazioni avvolgenti volte a creare una gigantesca sacca. Il fronte venne sfondato nel settore Aachen-mare del Nord e il nemico preso in una morsa con un'offensiva che permise agli attaccanti di raggiungere, attraverso le Ardenne, oltre la Mosa e lungo la Somme, la costa del canale della Manica.

Il Lussemburgo cadde il 10 maggio. Le forze armate olandesi capitolarono il 15 e cinque giorni dopo i panzer tedeschi erano già in vista di Dunkerque allorché il generale d'armata Gerd von Rundstedt, comandante in capo del gruppo di armate A, volendo riordinare le forze che prendevano parte all'offensiva, fermò l'avanzata delle unità corazzate con l'ordine di serrare le file. Hitler confermò la scelta fatta con un proprio ordine d'arresto il 24, ma lasciò comunque a Rundstedt ogni decisione circa il da farsi nelle ore e nei giorni successivi. E Rundstedt attese troppo a lungo. Quando i panzer, il 27, riaccesero i motori, Dunkerque era stata trasformata in una specie di fortezza e il rimpatrio delle truppe anglofrancesi era ormai in atto.

Alla fine di maggio molti inglesi dubitavano di poter salvare il corpo di spedizione e mai prima d'ora la Gran Bretagna si era trovata in una situazione così precaria. Ciò nondimeno il 28 maggio, lo stesso giorno in cui anche il Belgio capitolava, il premier e la maggioranza del governo si espressero con fermezza, dopo cinque difficili giorni di riunioni pressoché ininterrotte, per la continuazione della guerra: una presa di posizione che giustifica senz'altro il fatto di indicare l'estate del 1940 come una svolta decisiva nel corso della seconda «grande guerra» mondiale.

Anche se dovettero abbandonare 64 mila automezzi e 2.500 pezzi d'artiglieria, gli alleati riuscirono comunque a evacuare, fino a tutto il 4 giugno, 216 mila soldati inglesi e 123 mila francesi; fu un successo di straordinaria importanza, reso possibile non da Hitler ma da Rundstedt, al cui errore non poté porre rimedio nemmeno il massiccio intervento dell'aviazione.

Il cinque giugno ebbe inizio la seconda fase della campagna di Francia (piano «Rosso»), il cui obiettivo era l'accerchiamento dell'esercito francese schierato tra Sedan e il confine svizzero lungo la linea Maginot. I reparti tedeschi contemporaneamente avanzarono lungo la costa, ma, ciò nonostante, riuscì l'evacuazione via mare di 192 mila soldati francesi, inglesi, polacchi, cechi e belgi, nonché di 50 mila civili.

Per assicurarsi un posto al tavolo della pace, che sembrava ormai a portata di mano, il 10 giugno l'Italia, che nel settembre del 1939 aveva optato per la «non belligeranza», decise a sua volta di entrare in guerra. Il suo esercito poteva contare su 1.688.000 uomini (73 divisioni), l'aviazione su 84 mila uomini e 2.350 aerei da combattimento (1.500 dei quali moderni). Impressionanti i numeri della marina: 159 mila effettivi, 4 corazzate, 7 incrociatori pesanti e 12 leggeri, 125 tra cacciatorpediniere e siluranti, 113 sommergibili.

Nella seconda fase della campagna i soldati francesi opposero una accanita ma vana resistenza. Considerati gli sviluppi militari, la maggioranza del governo, che dopo la caduta di Parigi (14 giugno) si era spostato a Bordeaux, si pronunciò per la cessazione delle ostilità. Di conseguenza il 16 giugno il presidente del consiglio Reynaud rassegnò le dimissioni e gli subentrò il maresciallo Henri Philippe Pétain, il quale il 22 dello stesso mese concluse un armistizio con i tedeschi, che in quel momento occupavano la Francia settentrionale e la costa fino alla frontiera con la Spagna, e due giorni dopo con l'Italia, le cui truppe avevano ottenuto qualche parziale successo sulle Alpi occidentali (colle della Maddalena e valle Roja) e lungo la costa si erano spinte fino a Mentone. Mussolini, in ogni caso, rinunciò all'occupazione territoriale fino al Rodano e si accontentò della piccola striscia di territorio francese conquistata con la campagna delle «cento ore» e di una zona smilitarizzata profonda 50 km oltre il nuovo confine. Con la sua Armée d'Afrique di 127 mila uomini, i 45 mila di stanza in Siria e i 100 mila dislocati in Indocina, l'impero coloniale francese passò sotto il controllo di Pétain e uscì dalla guerra. In agosto la Germania procedette all'annessione (*de facto*) dell'Alsazia-Lorena e del Lussemburgo.

Il regime di Pétain, che ebbe sede a Vichy, conservò il controllo sulla parte non occupata del paese. Per concessione di Hitler, esso poté anche disporre di un piccolo esercito (90 mila soldati in tutto) formato esclusivamente da volontari, scarsamente armato e non motorizzato, nonché di una aviazione quasi insignificante (10 mila effettivi e 200 vecchi aerei). Quanto alla flotta, venne messa, per così dire, in naftalina e sottratta in pratica alla disponibilità di Pétain e del suo governo. Di trattato di pace, tuttavia, Hitler non volle nemmeno sentir parlare, perché ciò lo avrebbe costretto a svelare le sue vere intenzioni.

A Pétain si contrappose il generale Charles de Gaulle. Benché avessero riconosciuto (28 giugno) il Comitato nazionale della Francia libera da lui fondato, gli inglesi non esitarono ad attaccare e colare a picco nel luglio del 1940 una parte della flotta francese a Mers-el-Kebir (Orano) e a Dakar. Londra, in effetti, temeva che i tedeschi potessero impadronirsi delle unità alla fonda nei due porti e quindi decise di intervenire pur sapendo che l'attacco avrebbe provocato la morte di molti marinai francesi (alla fine furono circa 1.300 quelli che persero la vita). Sul piano strettamente militare e nonostante l'occupazione, con l'appoggio inglese, della Siria e del Libano (8 giugno-24 luglio 1941) che erano rimasti fedeli al regime di Vichy, il generale de Gaulle e le forze della Francia libera non svolsero, nel complesso, un ruolo di rilievo fino allo sbarco in Nordafrica nel novembre del 1942.

Sotto il profilo tattico-operativo la campagna in Occidente segnò, per la Germania nazista, un vero trionfo, e la popolarità del Führer toccò il punto più alto. Certo lo scontro iniziato il 10 maggio avrebbe anche potuto prendere una piega diversa, se i generali di Hitler avessero avuto un po' meno fortuna. In fin dei conti le 118 divisioni della Wehrmacht avevano di fronte a sé 94 divisioni francesi (in realtà 104, contando le riserve e una divisione polacca), 13 inglesi, 22 belghe e 8 olandesi. Gli alleati, inoltre, potevano contare su 14.034 pezzi di artiglieria contro i 7.378 a disposizione dei tedeschi, e perfino in fatto di carri armati erano superiori: 3.383 contro 2.445. A ciò si aggiunga che anche gli scontri aerei non furono così favorevoli ai tedeschi. In realtà gli alleati vennero sconfitti non perché inferiori in fatto di uomini e mezzi, ma soprattutto perché i loro stati maggiori si mossero sulla base di criteri e principi operativi ormai superati. Così non solo venne a mancare la necessaria collaborazione tra l'esercito e l'aviazione, ma i carri armati, lungi dall'essere impiegati in modo massiccio e, soprattutto, come una risorsa operativa a sé stante, vennero divisi in battaglioni distribuiti tra le varie divisioni di fanteria e a queste subordinati. Del resto, come altrimenti definire se non incredibile il fatto che tre intere divisioni corazzate, tenute di riserva, non furono mai impiegate al fronte tutte insieme?

CAPITOLO TERZO

I PREPARATIVI PER LA «GUERRA PRINCIPALE» DI HITLER

La vittoria in Occidente fece della Germania la potenza egemonica sul continente europeo al di fuori della sfera d'influenza sovietica. Hitler sperava che il Regno Unito prendesse atto della situazione e gli offrisse in tal modo la possibilità di intraprendere la sua guerra principale con le spalle coperte. Ma il governo presieduto da Churchill, che sette settimane prima si era espresso per una incondizionata difesa della libertà, respinse nettamente l'«appello alla ragione» di Hitler (19 luglio 1940). La Gran Bretagna, in altre parole, fece chiaramente intendere di non voler restare alla mercé, per così dire, del Führer. Significativamente quello stesso 19 luglio fu anche il giorno in cui con un discorso alla radio il presidente americano Franklin D. Roosevelt denunciò con accenti insolitamente duri le «potenze dispotiche».

Sul piano militare Londra si concentrò sulla guerra aeronavale e sulle misure da adottare per contrastare un possibile tentativo d'invasione. In politica estera la priorità venne data al rafforzamento del vitale rapporto con gli Stati Uniti, ma nel secondo trimestre del 1940 si presentò, proprio a questo proposito, un problema: la Gran Bretagna, che doveva in gran parte pagare in contanti le merci acquistate negli Stati Uniti, si ritrovò in pratica con le casse vuote e quindi rischiò di non poter più far fronte ai suoi impegni. Churchill, perciò, si rivolse a Roosevelt – dopo la rielezione di quest'ultimo il 5 novembre 1940 – e gli illustrò la situazione del suo paese senza tanti giri di parole. I colloqui che ne seguirono si conclusero con l'approvazione della legge «affitti e prestiti», che entrò in vigore l'11 marzo del 1941 e diede al presidente americano la possibilità di mettere a disposizione di quei paesi la cui difesa era considerata essenziale ai fini della sicurezza nazionale tutto il materiale bellico e le merci di varia natura necessarie praticamente a titolo gratuito. Fino al 1945 furono 38 i governi che beneficiarono di questa legge, ricevendo merci per un valore complessivo – calcolato in base al potere d'acquisto del 1995 – compreso tra i 42 e i 50 miliardi di dollari. Quel che è certo, in ogni caso, è che a partire da allora Londra poté fare ordinazioni di ogni genere e nella quantità desiderata senza doversi preoccupare di trovare i soldi per pagare al momento della consegna. In cambio Washington chiese e ottenne concessioni in tema di politica commerciale, per esempio l'incondizionata apertura dei mercati, senza contare che dalle colonie inglesi e francesi affluirono negli USA tecnologie e risorse per un valore complessivo di 8 miliardi di dollari.

1. *La Germania si volge ad Oriente*

Non c'è dubbio che il successo diplomatico di Churchill ebbe un'importanza incalcolabile per il prosieguo della guerra, ma resta il fatto che la strategia tedesca, basata su una serie di isolate campagne vittoriose, poteva considerarsi fallita già nel giugno del 1940, quando cioè gli inglesi decisero di continuare la lotta da soli nonostante la pesante sconfitta patita sul continente.

Per trovare una via di uscita alla imprevista situazione, il 31 luglio del 1940 Hitler decise, secondo i piani stabiliti ma in anticipo sul previsto, di attaccare l'Unione Sovietica al più tardi nella primavera del 1941; egli giunse così a mettere in conto, in caso di necessità, perfino una guerra su due fronti. Hitler aveva infatti portato per la prima volta il discorso sulla guerra all'est, ma senza porsi delle scadenze precise, già nel giugno del 1940, quando però era ancora convinto di poter raggiungere un'intesa con gli inglesi. In conseguenza di ciò, tra l'altro, il generale di artiglieria e capo di stato maggiore dell'esercito Franz Halder, che più di ogni altro aveva dimestichezza con il *Lebensraumprogramm* nazista, aveva fatto redigere il cosiddetto piano «Otto» già a partire dal 19 giugno, pur senza aver ricevuto una esplicita richiesta in tal senso. Il piano, è vero, prevedeva un attacco con obiettivi limitati, ma il comandante in capo dell'esercito, feldmaresciallo von Brauchitsch, allorché il 21 luglio il Führer gli chiese di mettere a punto i piani per giungere a una soluzione del «problema russo», poté comunque rifarsi al lavoro preliminare di Halder; per cui si può dire che la programmazione della guerra all'est – l'operazione «Barbarossa» – si basò in larga misura proprio sul piano «Otto». Il dittatore ne sottoscrisse la direttiva il 18 dicembre del 1940, ma il conto alla rovescia (che non fu più sospeso) per la sua «guerra principale» ebbe inizio il 31 luglio del 1940.

Va sottolineato, a quest'ultimo riguardo, che due paesi, la Svizzera e il Liechtenstein, trassero comunque vantaggio dalla decisione di Hitler. A partire dal 25 giugno, infatti, lo stato maggiore dell'esercito aveva cominciato a valutare l'esistenza o meno delle condizioni per una fulminea e improvvisa occupazione dei due paesi, e, anche se il progetto venne rinviato *sine die* (11 novembre 1940) a causa dei cambiamenti intervenuti nella situazione strategica, l'invasione della Svizzera e del Liechtenstein non cessò di rappresentare una seria e concreta eventualità almeno fino all'autunno del 1944. Un rischio simile lo corse anche la Svezia, e persino il Portogallo, la Spagna e la Turchia sembrarono temporaneamente minacciate.

Neutrali o non belligeranti, questi paesi, che del resto non rifornivano solo il mercato tedesco, dovevano di regola cedere alle pressioni di Berlino, ma va detto a onore del vero che la cosa non aveva creato loro soverchi problemi, visti i grandi profitti che potevano realizzare esportando in Germania beni di cui questa aveva necessità.

Circa la decisione (fine luglio) di attaccare l'URSS, i «monologhi nel quartier generale del Führer» e altre fonti provano che essa venne presa sulla base di motivazioni di ordine ideologico, imperialistico e dettate dalle circostanze. Nel 1940 Hitler motivò la decisione di attaccare l'Unione Sovietica con la supposizione che Churchill non si desse per vinto essenzialmente perché si aspettava l'intervento di Roosevelt e Stalin: una speranza che Downing Street non avrebbe più potuto coltivare dopo la vittoria delle armi tedesche in Oriente, perché il tracollo sovietico avrebbe aumentato il potere e il peso del Giappone e questo avrebbe indotto gli americani a non intervenire militarmente in Europa. Il 4 febbraio del 1945 il Führer fece mettere a verbale a Martin Bormann, il suo segretario e capo della cancelleria del partito, che proprio la sua «incrollabile volontà di eliminare alla radice l'ebraismo mondiale e il suo potere», vale a dire la principale motivazione ideologica di Hitler, era stata la ragione che più di ogni altra aveva impedito a Churchill di giungere a un accordo con lui. E nel settembre del 1941 concionò in merito agli aspetti imperialistici della sua strategia, affermando, tra l'altro, che lo «spazio orientale» era l'«India» della Germania: le sue risorse naturali, i suoi prodotti alimentari e la «massa di schiavi per nascita» che vi abitava, gli «slavi», erano altrettanti fattori di attrazione; ancora, il suo possesso avrebbe assicurato l'indipendenza economica, avrebbe fatto dell'Europa uno «spazio a prova di qualsiasi blocco» e deciso la «lotta per l'egemonia mondiale».

Tutto ciò era conforme al programma di Hitler e rispecchiava la sua fanatica e ossessiva volontà di sterminare gli ebrei, come non a caso ripeté nuovamente il 25 ottobre del 1941 nel suo quartier generale: in territorio sovietico, disse, sarà possibile «gettare nella melma», e quindi «eliminare», quella «razza di delinquenti»; era del resto ciò che «aveva profetizzato» il 30 gennaio del 1939 al Reichstag e che avrebbe in seguito più volte ripreso. Inoltre, a partire dal giugno del 1941, i territori orientali offrirono una alternativa al progetto Madagascar, divenuto ormai inattuabile nell'estate del 1940, quando l'Inghilterra decise di continuare la guerra. Le SS e il ministero degli Affari esteri avevano infatti progettato un gigantesco ghetto organizzato come uno stato di polizia, un enorme lager per circa 4 milioni di ebrei da deportare sull'isola africana, dove sarebbero stati tenuti sotto stretta sorveglianza e in uno stato di rigido isolamento. Una volta lì, il regime avrebbe potuto usarli come «pegno» nei confronti degli USA, almeno a medio termine e a propria discrezione; il suo obiettivo a lungo termine, anche se non risultava dettagliatamente specificato nei documenti dei lavori di progettazione, vale a dire la loro eliminazione fisica mediante il lavoro, il clima e la fame, sarebbe stato comunque perseguito, anche se con modalità diverse rispetto a quelle che si imposero in Europa a partire dal settembre del 1939 e che dopo il giugno del 1941 avrebbero assunto forme particolarmente atroci.

2. *Il ruolo della Gran Bretagna nella strategia tedesca*

Intenzionato a evitare una guerra su due fronti, il gruppo dirigente nazista cercò di costringere Londra a cedere prima dell'inizio della campagna in Oriente. Per raggiungere questo obiettivo vennero prese in considerazione diverse opzioni: tagliare i rifornimenti, porre l'assedio aeronavale all'isola, avviare massicci bombardamenti sulle fabbriche di armi e sulle zone ad alta concentrazione urbana e industriale, invadere l'Inghilterra meridionale, occupare Gibilterra e partecipare all'offensiva italiana contro l'Egitto. Venne anche discusso un blocco continentale in funzione antinglese che avrebbe dovuto andare, nel suo massimo sviluppo, da Madrid a Tokyo, includendo quindi Mosca.

Messa a punto a partire dalla metà di luglio, l'operazione di sbarco in Inghilterra, meglio nota come operazione «Leone marino», non era in realtà alla portata della Wehrmacht: Hitler se ne convinse già alla fine del mese, e quindi il progetto non venne abbandonato solo a settembre, quando cioè divenne chiaro che la Luftwaffe aveva ormai perso la «battaglia d'Inghilterra».

Quanto a una possibile partecipazione di truppe tedesche alle operazioni in Nordafrica o per l'occupazione di Gibilterra, non se ne parlò più per tutto il 1940 in seguito allo sfavorevole atteggiamento che Roma e Madrid assunsero al riguardo.

Particolarmente insidiosa si rivelò per gli inglesi la guerra aeronavale, e soprattutto sottomarina, che i tedeschi condussero per bloccare i rifornimenti di cui le isole britanniche necessitavano. Ma alla fine anche i sottomarini non riuscirono a piegare il Regno Unito, che nel 1939 poteva contare su una imponente flotta mercantile (18 milioni di tonnellate di stazza lorda), anche se occorre ricordare che fino al luglio del 1942 gli inglesi (e a partire dal dicembre del 1941 gli alleati nel loro insieme) persero più navi di quelle che erano in grado di costruire. Per un miglior servizio di scorta alle navi, il 4 settembre del 1940 Londra ricevette dagli americani – in cambio della cessione di basi caraibiche – 50 vecchi cacciatorpediniere. Nel complesso gli angloamericani, che si affidarono al sistema dei convogli scortati e al blocco navale, vinsero la battaglia dell'Atlantico soprattutto grazie all'impiego di strumenti di rilevazione sempre più perfezionati (radar e sonar), alla netta superiorità delle loro aviazioni, all'efficienza della loro industria cantieristica e alla capacità, che acquisirono rapidamente, di decodificare i radiomessaggi nemici.

L'Inghilterra, in effetti, riuscì a decifrare i codici della Luftwaffe già nel maggio del 1940 e quelli della Kriegsmarine appena un anno dopo, con il risultato che Londra, potendo normalmente disporre di preziosissime informazioni circa i movimenti terrestri e aeronavali tedeschi, sfruttò spesso il fattore sorpresa, sulla cui importanza in guerra non è il caso di spendere troppe parole. I membri dello speciale Ufficio cifra (ULTRA) grazie al quale gli inglesi decifravano i radiomessaggi dei tedeschi e degli italiani, e gli americani (dopo la loro entrata in guerra) quelli dei giapponesi, influenzarono con il loro lavoro, insieme a MAGIC (questo il nome di copertura per la decifrazione, possibile a partire dal settembre del 1940, dei messaggi dei diplomatici giapponesi), il corso della guerra: ULTRA e MAGIC, in altre parole, facilitarono la vittoria degli alleati, ma per quanto concerne l'esito del conflitto non risultarono più determinanti di un qualsiasi altro fattore singolarmente considerato.

3. *Il patto tripartito e il blocco continentale*

Dopo la campagna in Occidente, la diplomazia di Hitler riuscì solo a concludere il patto tripartito già in discussione nel 1939. Con la sua firma, avvenuta il 27 settembre 1940, il Giappone riconobbe a Germania e Italia il diritto di creare un «nuovo ordine» in Europa e ottenne analogo riconoscimento riguardo all'Asia. Tra il 20 novembre del 1940 e il 25 marzo del 1941 vi aderirono anche l'Ungheria, la Romania, la Slovacchia, la Bulgaria e la Jugoslavia.

Il patto tripartito avrebbe dovuto tutelare dalle aggressioni presenti e future. Per questo, l'art. 3 rappresentava una velata minaccia rivolta agli Stati Uniti, dal momento che le potenze dell'Asse si impegnavano a «darsi l'un l'altra assistenza [...] qualora una delle tre parti contraenti [fosse] attaccata da una potenza che non sia attualmente coinvolta nella guerra europea o nel conflitto cino-giapponese»; parole che lasciano trasparire l'intenzione di tenere Roosevelt fuori dalla guerra sia in Europa sia in Asia. Sotto il profilo propagandistico il patto non passò certo sotto silenzio, ma i contraenti, a dispetto di quello che vollero far credere, non presero accordi inequivoci in merito ai rispettivi obblighi militari, sicché il Giappone si riservò, anche qualora si fosse verificato il caso previsto dal patto tripartito, di decidere autonomamente se dichiarare o meno guerra agli USA.

Durante le trattative, il Giappone manifestò il suo interesse per i territori a est della Birmania fino alle Indie Olandesi e a nord della Nuova Caledonia. L'obiettivo a lungo termine del gruppo dirigente giapponese, che considerava la Cina, la Manciuria e la madrepatria come la spina dorsale del suo futuro «spazio vitale», era un notevole allargamento della propria sfera d'influenza in Asia, che avrebbe dovuto comprendere l'India, la Thailandia, l'Indocina francese, la penisola di Malacca (inglese), il Borneo settentrionale (pure inglese), le Indie Olandesi, le Filippine, le isole in passato controllate dai tedeschi e che allora si trovavano sotto mandato, l'Australia e, per finire, la Nuova Zelanda.

Per ragioni tattiche legate alle trattative in corso, e in linea puramente teorica, i giapponesi accettarono che l'India, nel caso in cui si fosse realizzato un patto quadripartito o un grande blocco continentale, venisse fatta rientrare nella zona di influenza sovietica. D'altra parte, in occasione dei colloqui che Hitler ebbe dal 22 al 24 ottobre 1940 con Pierre Laval, vicepresidente del consiglio dei ministri francese, con il dittatore spagnolo Franco e il maresciallo Pétain, emerse chiaramente che un simile progetto non avrebbe mai trovato pratica attuazione. Già il solo fatto di comporre gli interessi francesi, spagnoli e italiani, che ruotavano in particolare intorno all'Africa settentrionale francese, avrebbe richiesto la quadratura del cerchio, per non parlare del «nuovo ordine» cui Hitler segretamente aspirava e degli obiettivi sovietici. Venne presa in considerazione la divisione del mondo in grandi aree sotto il controllo di Berlino, Mosca, Tokyo, Roma e Washington. A un esame più attento, d'altro canto, appare chiaro che un blocco continentale destinato a coinvolgere Mosca, per Hitler avrebbe potuto andar bene al massimo come soluzione politica transitoria. Se il progetto fosse andato in porto, infatti, egli avrebbe potuto far fronte al riavvicinamento angloamericano e al fatto che le operazioni aeronavali contro l'Inghilterra non avevano dato, e non stavano dando, i frutti sperati.

È probabile che l'attacco italiano alla Grecia, che mostrò la debolezza militare del principale alleato della Germania, abbia contribuito a fare in modo che il Führer, alla fine di ottobre, accantonasse definitivamente l'idea, invero mai molto amata, di un blocco continentale. Del resto, il suo vero atteggiamento nei confronti del progetto emerge chiaramente dal fatto che le valutazioni in merito all'intera questione non portarono mai, in nessun momento, a una interruzione o a un allungamento dei tempi di preparazione dei piani che lo stato maggiore dell'esercito e l'alto comando della Wehrmacht stavano mettendo a punto in vista della campagna orientale.

Ancor prima che Molotov si recasse in visita, il 12 e il 13 novembre, a Berlino, dove il freddo che trovò non fu solo quello dovuto a una stagione invernale insolitamente rigida, la strategia tedesca era nuovamente animata da una aggressiva *Ostpolitik*. Sicché dai colloqui che si tennero Hitler, ormai, non si aspettava più nulla: il dittatore, infatti, aveva preso da tempo la sua decisione e i risultati dell'incontro non fecero che rafforzarlo nelle sue convinzioni. A Berlino, a questo punto, importava solo che arrivassero puntualmente le forniture di cui il paese aveva bisogno per ultimare i preparativi dell'aggressione.

Non è necessario, perciò, riferire ancora una volta i contatti diplomatici tedesco-sovietici, i dissidi politici e i contrasti d'interesse riguardo alla Finlandia, ai paesi baltici, alla Polonia, all'Ungheria, alla Romania, alla Bulgaria, alla Jugoslavia, alle vie d'uscita dal Baltico e agli stretti turchi. Basti dire che le richieste e le idee di Mosca, che talora andarono oltre le intese raggiunte, continuarono a essere oggetto di negoziato.

Per Hitler e i suoi paladini, che a partire dall'estate del 1940 si erano preoccupati di assicurare il fianco settentrionale e quello meridionale europeo in vista dell'operazione «Barbarossa», la cosa non faceva più alcuna differenza. Dopo la firma del patto tripartito, che strinse in una morsa l'Unione Sovietica e integrò il Giappone nella strategia tedesca, essi ritennero che la loro situazione fosse decisamente migliorata e la guerra lampo all'est parve quindi realizzabile. Nello stesso tempo la programmata distruzione dell'Unione Sovietica avrebbe dovuto radicalmente mutare il quadro strategico su scala planetaria. Sicché, a quanto pare, già nel tardo autunno del 1940, ma certamente verso la metà di febbraio del 1941 vennero realizzati studi sulla guerra che sarebbe proseguita dopo la sconfitta di Stalin: studi che non a caso riguardarono l'Afghanistan, l'India, l'Iran, la Turchia, la Siria, l'Iraq, l'Egitto, il Nordafrica, Gibilterra, Malta e le isole atlantiche. La guerra, in altre parole, avrebbe dovuto assumere una dimensione mondiale.

4. *Il Giappone si avvicina alla guerra*

Quando aderì al patto tripartito, il Giappone rinunciò alla riservatezza che aveva contraddistinto l'atteggiamento di Tokyo nei confronti della Germania a partire dall'agosto del 1939. La vittoria sul fronte occidentale, che rese, per così dire, disponibili le colonie francesi e olandesi nel Sudest asiatico e indebolì la posizione inglese nell'area, suscitò non pochi appetiti. Ma già in precedenza Tokyo si era regolata in base alla nuova situazione. Nel maggio del 1940 un gioco di guerra esaminò la prospettiva di un conflitto con gli Stati Uniti, la Gran Bretagna e l'Olanda, nonché l'invasione della penisola di Malacca e delle Indie Olandesi, dove sarebbe stato possibile mettere le mani sul tanto desiderato petrolio. Inoltre, vennero messi a punto i primi piani per un attacco a Pearl Harbor. E poco dopo il reimbarco degli inglesi a Dunkerque il Giappone approfittò della loro difficile situazione per bloccare i rifornimenti che affluivano in Cina attraverso la Birmania e l'Indocina francese. A partire dalla metà di luglio del 1940 Londra dovette chiudere per tre mesi la «via della Birmania».

Allo scopo di raggiungere quello che era il principale, e più urgente, obiettivo della politica estera giapponese – la vittoriosa conclusione della guerra in Cina – e di avviare nel migliore dei modi l'espansione verso sud, alla fine di luglio una conferenza congiunta di militari e politici decise il rafforzamento della cooperazione con Roma e Berlino, il miglioramento delle relazioni con Mosca, l'organizzazione delle relazioni con la Gran Bretagna e la Francia in base agli sviluppi in Cina e l'adozione di provvedimenti nel caso che gli Stati Uniti entrassero in guerra. Il pericolo esistente in Estremo Oriente di un allargamento della guerra si manifestò nel modo più chiaro allorché i dirigenti giapponesi ritennero indispensabile l'occupazione delle aree del Sudest asiatico ricche di materie prime allo scopo di sconfiggere Chiang Kai-shek, che godeva dell'appoggio di Roosevelt, Churchill e Stalin. Anche se la cosa non era affatto ineluttabile e non tutti gli attori sulla scena erano favorevoli a un allargamento del conflitto, un collegamento del genere comportò un passo avanti – con il «traguardo di tappa» del patto tripartito – verso la seconda guerra mondiale.

Il presidente Roosevelt sperò fino all'ultimo, cosa che va tenuta presente nel valutare le sue reazioni economiche e militari, decise ma ben calcolate, di poter evitare al suo paese un intervento armato nel conflitto. Quando, nel luglio del 1940, ridusse le esportazioni di benzina per aerei, nonché di lubrificanti, rottami d'acciaio e altro materiale strategico, egli non fece altro che lanciare l'ennesimo avvertimento, ma inutilmente. Con l'accordo di Hanoi (22 settembre 1940), infatti, il regime di Vichy si vide costretto a concedere al Giappone alcune basi nell'Indocina settentrionale, a garantire il diritto di transito alle sue truppe che operavano contro la provincia cinese dello Yunnan, e a consentire lo sfruttamento economico del paese. Il 26 settembre Roosevelt replicò a questo accordo con un embargo che costò al Giappone un terzo del totale delle sue importazioni di rottami di ferro e d'acciaio. Quanto a Chiang Kai-shek, solo il giorno prima ottenne un credito di 25 milioni di dollari, cui alla fine di novembre ne seguì un secondo per un importo che ammontava a quattro volte tanto.

Una volta decisa l'espansione verso sud, la diplomazia giapponese, nonostante gli accordi armistiziali del settembre del 1939, si sforzò anche di regolare in via definitiva i rapporti con Mosca; il Cremlino non si dimostrò particolarmente disponibile, e alla fine del 1940 le trattative arrivarono a un punto morto. Fu la campagna balcanica a sbloccare clamorosamente e inaspettatamente la situazione. Il 6 aprile del 1941, infatti, le truppe tedesche invasero la Jugoslavia e la Grecia riuscendo ad averne rapidamente ragione: il che impressionò profondamente Stalin, convincendolo che la Wehrmacht fosse superiore all'Armata rossa. Sicché, per guadagnare tempo, il despota sovietico si sforzò di rabbonire Hitler, anche se era a conoscenza delle intenzioni tedesche e del ridispiegamento della Wehrmacht nelle regioni orientali fin dalla tarda estate del 1940, cosa che, peraltro, era stata in un primo tempo erroneamente interpretata come un tentativo di pressione sul piano politico. Dunque, fu nel contesto degli sviluppi che si ebbero nella regione balcanica che si giunse alla stipula del patto di neutralità sovietico-giapponese (13 aprile 1941), patto che, oltre a consentire a Tokyo di volgere lo sguardo a sud con le spalle coperte, presentava non pochi vantaggi anche per il caso in cui l'Unione Sovietica avesse deciso di cambiare parte. D'altro canto Mosca ebbe in cambio un confine orientale finalmente certo, e questo aumentò il margine di manovra di Stalin. E c'è di più: il patto avrebbe dovuto far capire a Hitler che il Cremlino conveniva sulle linee guida di politica estera che Ribbentrop aveva delineato con Molotov nel novembre del 1940, compresa l'adesione al patto tripartito. Ma tutto questo calcolo si basava su almeno due valutazioni sbagliate.

Da un lato Stalin si era convinto, sulla base di alcune informazioni del servizio segreto, dell'esistenza di un contrasto in seno al gruppo dirigente del Reich; credeva infatti che fosse la casta dei militari guerrafondai a voler trascinare Hitler e Ribbentrop, a suo parere disponibili a trattare, in un conflitto armato con l'Unione Sovietica. Fu questo un errore che egli non ammise mai e che almeno in parte spiega il perché di una condotta che rimase lontana dalla realtà fino all'ultimo. D'altro lato era convinto che Hitler non sarebbe stato in grado di raggiungere i suoi obiettivi fintantoché la Germania e la Gran Bretagna si fossero fronteggiate in una guerra di logoramento. Di conseguenza Stalin non si discostò dalla posizione assunta nel 1939, con il risultato che per lui continuò a non esistere, da questo punto di vista, un pericolo Terzo Reich: perciò proseguì imperterrito a puntare sul fattore tempo e a insistere nella sua politica di conciliazione praticamente fino al giorno dell'attacco tedesco. Hitler non andava in alcun modo sfidato, ed è certo che i sovietici fecero di tutto per accontentare i tedeschi: tra l'altro, consegnarono nel frattempo con puntualità, e nella quantità prevista, le merci e i materiali convenuti anche se a partire dall'autunno del 1940 – in conseguenza dei preparativi per la campagna orientale – i tedeschi avevano smesso, violando i patti, di fare altrettanto.

Per quanto concerne il patto di neutralità sovietico-giapponese, si deve constatare che la sua attuazione evidenziò, tra l'altro, come tra la Germania e il Giappone non esistesse una politica d'alleanza coordinata e leale. Nella sua direttiva n. 24 del 5 marzo 1941 relativa alla «cooperazione con il Giappone», Hitler dispose espressamente che «con i giapponesi» non si dovesse in alcun modo «accennare all'operazione "Barbarossa"». Tokyo, in effetti, stipulò il patto del 13 aprile senza essere a conoscenza delle intenzioni dei tedeschi di attaccare; è però anche vero che il passo giapponese colse di sorpresa Berlino, visto che il ministro degli Esteri Yosuke Matsuoka, il quale fra il 27 marzo e il 4 aprile aveva avuto una serie di colloqui nella capitale del Reich, aveva abilmente evitato di far trapelare qualcosa al riguardo.

A parte questo, tuttavia, il patto fece perfettamente il gioco di Hitler, il quale, a questo punto, previde che i giapponesi avrebbero quanto prima marciato in direzione sud con l'obiettivo richiamato nella direttiva n. 24: «atterrare rapidamente la Gran Bretagna e tenere in questo modo fuori dal conflitto gli USA». Quel che i tedeschi non sapevano era che i giapponesi erano convinti che gli USA e la Gran Bretagna non potevano essere divisi. Per parte loro, i dirigenti del Reich erano invece al corrente di preoccupanti trattative segrete, private ed ufficiali, tra Tokyo e Washington: trattative che se fossero andate a buon fine avrebbero avuto come conseguenza l'impegno senza riserve degli americani nello scacchiere atlantico.

La Washington ufficiale interpretò giustamente il patto come il tentativo dell'impero del Sol Levante di coprirsi le spalle per dare inizio all'espansione verso sud. Fedele alla sua politica intimidatoria, il presidente rese noto che avrebbe esteso alla Cina la legge «affitti e prestiti»; ciò avvenne a partire dal maggio 1941 in poi. Nello stesso tempo, il segretario di stato (ministro degli Esteri) Cordell Hull comunicò all'ambasciatore giapponese Kichisaburo Nomura i «quattro principi» che, se accettati, avrebbero potuto portare a un miglioramento delle relazioni tra i due paesi. In pratica, il governo americano chiese a Tokyo il rispetto dell'integrità territoriale e della sovranità di tutti i paesi, la non ingerenza negli affari interni di un paese, il riconoscimento della pari dignità di tutti gli stati, soprattutto in ambito commerciale, e la rinuncia a modificare lo *status quo* nell'area del Pacifico con mezzi che non fossero quelli pacifici della diplomazia.

Sul versante giapponese le attività diplomatiche e le analisi della situazione interna che fecero seguito a questa offensiva si svolsero sostanzialmente all'insegna della mancanza di professionalità, della confusione se non perfino del caos, e furono all'origine di una crescente diffidenza reciproca e di non pochi malintesi. Comprensibilmente gli americani, che grazie a MAGIC disponevano di informazioni riservate, aumentarono ancor di più la loro pressione economica così che, quando vennero interrotte le forniture di minerali di ferro, cromo, manganese, rame e altre materie prime di importanza strategica, a partire dalla fine di maggio, il riarmo giapponese si trovò alle prese con gravi difficoltà. Le quali aumentarono ulteriormente quando Roosevelt, il 20 giugno, decise – per la ridotta disponibilità di mezzi di trasporto – di bloccare le importazioni di petrolio dai porti americani della costa orientale.

Il 21 giugno, un giorno prima di quello fissato per l'attacco all'Unione Sovietica, cui Hitler e Ribbentrop accennarono come eventualità il 3 e il 4 giugno nel corso dei loro incontri con l'ambasciatore giapponese, generale Hiroshi Oshima, ma che la maggior parte dei responsabili a Tokyo non riteneva probabile, Washington rese note alcune precisazioni in merito ai «quattro principi». Ma siccome il loro accoglimento avrebbe portato a una intesa che sarebbe risultata troppo gravosa per il Giappone, che proprio qualche giorno prima, il 16 giugno, aveva deciso di invadere l'Indocina francese, il governo presieduto dal principe Fumimaro Konoe rispose negativamente.

Subito dopo l'inizio delle ostilità tedesco-sovietiche, i politici e i militari giapponesi si chiesero per qualche tempo se l'espansione verso nord non fosse da preferire a quella verso sud. Per ragioni prima di tutto economiche si decise di confermare il piano d'azione messo a punto nel 1939: chiaramente ponendosi in questa logica Tokyo accettava la guerra con gli Stati Uniti, almeno come ipotesi percorribile. A partire dal 25 giugno non ci furono più dubbi: le truppe giapponesi avrebbero invaso l'Indocina meridionale francese per poter disporre di favorevoli basi di partenza per i loro attacchi terrestri e aerei contro Singapore, la Malesia e le Indie Olandesi. Una conferenza imperiale approvò il 2 luglio 1941 la prevista aggressione. A questo punto poteva dirsi ormai spianata la strada verso la realizzazione del «nuovo ordine» tramite l'espansione a sud, ma anche verso l'inevitabile conflitto armato con Londra e Washington. Con questa decisione il gruppo dirigente giapponese, del tutto ignaro che grazie a MAGIC il «nemico» era a conoscenza di una parte almeno di quanto la conferenza aveva deliberato alla presenza dell'imperatore, confermò la linea bellicista già da tempo fissata.

5. *L'alleanza militare angloamericana*

Mentre la Germania e il Giappone – ma senza aver nulla concordato al riguardo – agivano in modo da rendere inevitabile la «grande guerra», i rapporti tra Londra e Washington si fecero sempre più stretti. Non solo: il presidente Roosevelt prese alcune misure sia per aumentare il potenziale bellico americano – a questo riguardo, oltre a un notevole incremento della produzione bellica, venne anche deciso (20 luglio del 1940) di costruire la «flotta dei due oceani» e di avviare i preparativi per l'introduzione del servizio militare obbligatorio –, sia per sostenere massicciamente l'Inghilterra.

Nel novembre del 1940 i vertici militari americani affermarono che, in caso di entrata in guerra degli Stati Uniti, la strategia dei due paesi avrebbe dovuto concentrarsi sulla Germania e l'Italia, mentre sarebbe stato meglio evitare un conflitto con il Giappone. Già in quel periodo, del resto, i generali consigliarono il presidente di avviare colloqui segreti con gli inglesi a livello di stati maggiori: colloqui che in effetti si tennero dal 29 gennaio al 27 marzo 1941 e servirono a fissare le linee guida di una eventuale condotta bilaterale della guerra, stabilendo che il baricentro della strategia comune avrebbe dovuto essere localizzato nello scacchiere atlantico ed europeo, dal momento che era la Germania la potenza guida dell'Asse (un principio, quello del «Germany first», al quale i due paesi sarebbero rimasti fedeli anche in futuro). Sicché, nel caso in cui il Giappone fosse entrato in guerra, gli alleati nel Pacifico sarebbero rimasti sulla difensiva fino a quando la Germania non fosse stata sconfitta. Quel che è certo, in ogni caso, è che gli Stati Uniti, che a partire dall'approvazione della legge «affitti e prestiti» si consideravano l'«arsenale della democrazia», passarono dallo status di neutralità a quello di «non belligeranza»: uno sviluppo cui contribuì in modo determinante l'ammirevole capacità di resistenza di cui gli inglesi seppero dar prova da Dunkerque in poi.

6. *Excursus sulla guerra di bombardamento*

Il Royal Air Force Bomber Command diede inizio alla guerra aerea strategica già nel maggio del 1940, in un momento, cioè, in cui la situazione degli anglofrancesi sembrava a dir poco disperata. Da quel momento fino alla fine della guerra gli equipaggi dei bombardieri inglesi portarono a termine 373.514 missioni contro il territorio del Reich (erano state soltanto 1.383 prima della fine di aprile del 1940), mentre quelle dei loro commilitoni dell'ottava United States Army Air Force toccarono nel periodo agosto 1942-maggio 1945 la ragguardevole cifra di 332.904.

Nel corso di queste missioni gli inglesi sganciarono all'incirca 970 mila tonnellate di bombe e gli americani 632 mila; colpirono le vie di comunicazione e le fabbriche (di armi e non solo) strategicamente rilevanti ai fini dello sforzo bellico, ma i loro incessanti attacchi non decisero le sorti della guerra. Effetti devastanti sulla vita delle persone che vivevano nelle città ebbero soprattutto i bombardamenti a tappeto della RAF, che provocarono immensi danni materiali ma anche la morte di 436 mila persone, 370 mila delle quali civili: e non solo a Lubecca, Rostock, Colonia, Berlino, Amburgo e Dresda o nella Ruhr, ma in 161 città tedesche che furono distrutte del tutto o quasi. Il Bomber Command perse più di 10.100 bombardieri e 50 mila aviatori, e anche gli americani, alla fine, denunciarono lo stesso numero di caduti (e la perdita di 5.500 aerei).

Né i tedeschi né gli inglesi, che a partire dall'aprile del 1942 condussero volutamente i loro attacchi aerei nel segno del terrore contro la popolazione civile, rispettarono le vigenti disposizioni del diritto internazionale; a questo riguardo non riveste soverchia importanza il fatto che la Luftwaffe non sia stata capace di condurre una guerra aerea paragonabile, dal punto di vista quantitativo, a quella che condussero gli alleati. Se non lo fece fu solo perché era inferiore, sul piano sia dei materiali sia della disponibilità di mezzi: basti sapere che tra il 1939 e il 1944 la Germania costruì 118.800 aerei, mentre la Gran Bretagna ne costruì 119.500 e gli Stati Uniti ben 267.600.

Nel Regno Unito i civili che persero la vita in seguito ai bombardamenti tedeschi (compresi i missili e le bombe volanti) furono 60.595; la maggior parte perì negli anni 1940 e 1941, mentre dal 1942 alla fine della guerra si contarono circa 17 mila morti: di questi, 8.938 trovarono la morte a causa delle «nuove armi», i missili V1 e V2, che dal 12 giugno del 1944 al 30 marzo del 1945 colpirono il territorio inglese (6.876 su un totale di 10.833: va ricordato, al riguardo, che questi missili provocarono molte vittime soprattutto in Belgio – 6.448 – dal 15 settembre del 1944 alla fine della guerra).

7. *L'aspirazione dell'Italia al ruolo di grande potenza e la realtà della guerra nello scacchiere mediterraneo*

Dopo la firma dell'armistizio con la Francia, battaglie di terra ebbero luogo solo nello scacchiere africano-mediterraneo, e furono essenzialmente volute da Mussolini per accreditarsi come stratega. Per motivi analoghi, nel giugno del 1940 aveva già offerto a Hitler navi e aerei da affiancare a quelli tedeschi nello scacchiere settentrionale, sicché nel quarto trimestre del 1940, 75 bombardieri e 98 caccia italiani parteciparono alla «battaglia d'Inghilterra», mentre in settembre 27 sottomarini raggiunsero Bordeaux per essere impiegati in Atlantico insieme alle unità tedesche che già vi operavano.

Dietro l'attivismo di Mussolini si celava il timore di dover partecipare da postulante, nel caso in cui non fosse riuscito a conseguire qualche successo militare di rilievo, a una conferenza di pace che avrebbe dovuto sancire le sue aspirazioni «imperiali» e soddisfare le numerose e rilevanti richieste italiane: accesso agli oceani; annessione di Nizza, Corsica, Malta, Tunisia e Corfù; occupazione di Sokotra, Aden, Perim, della penisola del Sinai e di parti del Marocco e dell'Algeria. Roma, inoltre, reclamava un ampio collegamento terrestre dalla Libia all'Etiopia, cosa che avrebbe necessariamente comportato l'occupazione di buona parte del Sudan angloegiziano; a completare la lista delle rivendicazioni di Mussolini c'erano la Somalia inglese, quella francese e parti dell'Africa equatoriale francese. Il possesso di tutti questi territori, le intese sulle zone di influenza nonché gli accordi bilaterali con la Turchia e gli stati arabi avrebbero dovuto garantire all'«Impero» la supremazia nello scacchiere mediterraneo e nel Vicino Oriente.

È in questo contesto che occorre collocare la conquista della Somalia inglese, conclusa il 18 agosto 1940. Sotto il profilo strategico, l'iniziativa avrebbe avuto senso solo se i 291 mila uomini che componevano l'armata dell'Africa orientale avessero avuto la forza di attaccare e occupare anche il Sudan allo scopo di unirsi alle truppe provenienti dalla Libia. Sarebbe stato fantastico! In realtà nel giro di quattro mesi gli inglesi e gli etiopi fedeli al deposto imperatore liberarono tutta l'Africa orientale (il grosso delle forze italiane di stanza in Etiopia capitolò il 18 maggio del 1941 dopo aver opposto una resistenza qua e là accanita). La vittoria degli angloetiopi non ebbe solo un valore psicologico, visto che il presidente Roosevelt poté dichiarare il mar Rosso e il golfo di Aden zone libere e pacificate, con il risultato, tra l'altro, che le navi da trasporto americane poterono raggiungere il porto di Suez e, particolare non meno importante, si resero disponibili truppe da inviare in Nordafrica, dove ve n'era un urgente bisogno.

Su quel fronte, in effetti, la 10ª armata italiana aveva lanciato un'offensiva che in tre giorni l'aveva portata nei pressi di Sidi-el-Barrani, 80 km oltre il confine egiziano. Giunti a questo punto, tuttavia, gli attaccanti si erano fermati in attesa dei rifornimenti dando modo alla Western Desert Force di ripiegare su Marsa Matruh (capolinea della ferrovia di Alessandria, 130 km a est).

Nel deserto i giochi erano ovunque ancora apertissimi allorché gli italiani, malgrado la dichiarazione di garanzia inglese (13 aprile 1939), attaccarono la Grecia il 28 ottobre 1941. Motivazioni riconducibili alla politica di potenza, alla rivalità tra Mussolini e Hitler, alla sopravvalutazione delle proprie forze e alla sottovalutazione di quelle dell'avversario furono all'origine di una campagna che, a causa della sua preparazione a dir poco dilettantesca, si concluse con un vero disastro. Dopo alcuni successi iniziali, gli italiani vennero presto respinti dai greci, al cui fianco intervennero la Raf e la Royal Navy, e già in novembre ripiegarono disordinatamente all'interno dell'Albania, su una linea difensiva che andava dal lago d'Ocrida alla località costiera di Himara: tra 60 e 120 km a nord della frontiera greco-albanese. Sul finire dell'anno il fronte si stabilizzò e la campagna di Grecia si trasformò in una guerra di trincea.

Nel frattempo gli inglesi passarono all'offensiva in Nordafrica (9 dicembre 1940) e costrinsero la 10ª armata italiana a ritirarsi per più di 900 km. Dopo la perdita di otto divisioni, quel che restava dell'armata di Graziani ripiegò fino al febbraio del 1941 su El-Agheila, al confine con il deserto libico. E se la Libia non venne persa, ciò che con ogni probabilità avrebbe assestato un colpo durissimo, se non proprio mortale, al regime fascista, lo si dovette solo al fatto che Londra, d'accordo con Atene, ritirò dal Nordafrica – a partire dal 4 marzo 1941 – 62 mila uomini allo scopo di contrastare il previsto e ormai imminente attacco tedesco alla Grecia.

Già nel novembre del 1940 Hitler e il suo stato maggiore, che per la loro guerra in Oriente avevano bisogno di calma nei Balcani e di avere libero accesso al petrolio rumeno, avevano maturato il proposito di attaccare la Grecia. Sicché ancor prima che il Duce chiedesse aiuto per il fronte nordafricano (19 dicembre) e per l'Albania (28 dicembre), la Wehrmacht aveva pianificato, conformemente alla direttiva n. 20 (operazione «Marita»), l'occupazione della Grecia continentale. Nello stesso tempo la diplomazia si dedicò alla preparazione della quarta «guerra secondaria» di Hitler: e con successo, visto che le riuscì di mandare a monte le speranze inglesi di dare vita ad un fronte unico antitedesco formato dalla Turchia, dalla Grecia, dalla Bulgaria e dalla Jugoslavia.

All'inizio del 1941 il X Fliegerkorps (corpo aereo) fu la prima unità tedesca a prendere parte ai combattimenti nello scacchiere mediterraneo. L'incontro tra i due dittatori, che ebbe luogo il 19-20 gennaio del 1941, non pose solo termine alla «guerra parallela» del Duce, ma segnò anche l'inizio della fine dell'Italia in quanto grande potenza in grado di condurre una politica autonoma rispetto alla Germania.

L'8 febbraio cominciò lo sbarco a Tripoli degli uomini e dei mezzi di quel che di lì a poco sarebbe diventato l'Afrikakorps. Il comandante di quella formazione, il generale di divisione Erwin Rommel, ordinò il 24 marzo una operazione di ricognizione che si concluse il 13 aprile con l'inaspettata riconquista italotedesca della Cirenaica, Tobruk esclusa. Le controffensive lanciate dagli inglesi in maggio e in giugno si conclusero con un fallimento, così che sotto il profilo operativo la situazione rimase sostanzialmente inalterata fino al novembre del 1941. A causa del dominio inglese sui mari e dell'inizio dell'operazione «Barbarossa», tuttavia, a partire dall'estate del 1941 le truppe dell'Asse cominciarono ad avvertire le prime difficoltà sul piano dei rifornimenti.

Nello scacchiere sudorientale la 12ª armata tedesca

aveva da poco occupato, in Bulgaria, le sue posizioni in vista dell'attacco, quando a Belgrado un golpe vanificò l'adesione del paese, avvenuta solo due giorni prima, al patto tripartito. Il che indusse Hitler a emanare in tutta fretta lo stesso giorno la direttiva n. 25, avente per oggetto la completa distruzione dello «stato dei quattro popoli»: direttiva, va rilevato, che il dittatore promulgò nonostante il nuovo governo si fosse affrettato a dichiarare che in politica estera avrebbe seguito una linea improntata alla neutralità e quindi non necessariamente antitedesca.

Lo stato maggiore tedesco reagì con estrema rapidità, e solo pochi giorni dopo, il 6 aprile, ebbe inizio la campagna dei Balcani: dalla Bulgaria la 12ª armata (8 divisioni e 3 reggimenti) puntò su Salonicco, mentre la 2ª armata e la I Panzergruppe (15 divisioni) mossero contro la Jugoslavia dalle loro basi in Stiria, Ungheria, Romania e Bulgaria. Poco dopo fu la volta degli ungheresi (3ª armata, per complessive 10 brigate) e degli italiani (2ª, 9ª e 11ª armata, per un totale di 38 divisioni). L'appoggio aereo venne assicurato da 1.153 aerei tedeschi e 320 italiani.

L'esercito jugoslavo poteva contare su 32 divisioni e 9 brigate, e l'aviazione su circa 400 aerei. Quanto alla Grecia, il suo esercito era composto da 21 divisioni e quattro brigate, mentre l'aviazione poteva schierare non più di 80 aerei. A queste forze occorre ancora aggiungere due divisioni di fanteria, una brigata corazzata e una ottantina di aerei inglesi (sette squadriglie).

Superiori in tutto e per tutto, gli aggressori aprirono le ostilità con una serie di attacchi aerei terroristici su Belgrado. Già il 9 aprile le truppe greche dislocate nella Macedonia orientale capitolarono, mentre a partire dal 14 Londra si preparò a reimbarcare il suo corpo di spedizione. La Jugoslavia capitolò il 17 aprile, e re Pietro e il suo governo ripararono all'estero. I greci cessarono ogni resistenza nell'Epiro e nella Macedonia occidentale tra il 20 e il 23 aprile. Benché costretta a operare in condizioni di estrema difficoltà, la Royal Navy riuscì pur sempre a mettere in salvo 51 mila uomini, che comunque dovettero abbandonare nelle mani degli invasori tutto il materiale e le armi pesanti. Entro il 3 maggio l'esercito tedesco completò l'occupazione della Grecia continentale e di tutte le isole maggiori – con l'unica eccezione di Creta – e catturò circa 344 mila jugoslavi, 11.900 inglesi e 223 mila greci.

Creta consentiva agli inglesi di controllare l'accesso all'Egeo e al mar Nero, nonché di bombardare i campi petroliferi rumeni. Per questo, il 25 aprile Hitler ordinò di mettere a punto l'operazione «Merkur», un'invasione su larga scala con truppe aviotrasportate, che cominciò il 20 maggio e alla quale presero parte anche effettivi dell'esercito e mezzi della marina tedesca e italiana.

Grazie a ULTRA, Londra era perfettamente al corrente dell'operazione «Merkur» e sapeva benissimo che le forze disponibili a Maleme non erano in alcun modo sufficienti a difendere l'aeroporto in caso di attacco, ma siccome non si voleva per nessun motivo correre il rischio di «bruciare» ULTRA, facendo ad esempio affluire rinforzi che certo non sarebbero passati inosservati, il comandante dei reparti dislocati in loco dovette cercare di fare del suo meglio con gli uomini a disposizione. Maleme capitolò il 21 e la sua caduta decise la battaglia di Creta. Soltanto due giorni dopo, il 23, i soldati tedeschi sull'isola raggiunsero la ragguardevole cifra di 17.500. A questo punto, mentre anche re Giorgio II e il suo governo presero la via dell'esilio e ripararono in Inghilterra, i soldati britannici e greci evacuarono l'isola alla volta dell'Egitto, dove riuscirono ad arrivare in 18 mila.

I tedeschi fecero circa 17 mila prigionieri ma massacrarono anche un numero imprecisato di civili. Dopo la conclusione dei combattimenti, infatti, il generale di corpo d'armata Kurt Student, comandante dell'XI Fliegerkorps, ordinò una serie di misure di rappresaglia che, indipendentemente dalle ragioni che possono avere indotto a tanto, costituirono una patente e gravissima violazione delle norme del diritto internazionale concernenti il trattamento da riservare ai civili inermi.

D'altro canto la vittoria dell'Asse a Creta fu pagata a caro prezzo, perché le pesanti perdite subite dalle truppe aviotrasportate impegnate nell'operazione indussero la Wehrmacht a desistere dall'invasione di Malta. Quel che è certo è che fino alla fine della guerra Hitler e il suo stato maggiore si sarebbero guardati bene dall'autorizzare altre rischiose operazioni del genere. Quanto a Malta, la Luftwaffe riuscì a tratti a fare opera di interdizione, ma mai a impedire che continuasse a fungere da base per gli attacchi contro i convogli che trasportavano i rifornimenti per le truppe in Nordafrica.

Indipendentemente da questo, Hitler non pensò di sfruttare subito il successo ottenuto nella sua quarta «guerra secondaria» per espandersi nel Mediterraneo. La vittoria nell'Europa sudorientale, infatti, gli garantiva quello che gli stava più a cuore, e cioè lo sfruttamento dei campi petroliferi rumeni e la protezione del fianco sud al momento dell'attacco all'Unione Sovietica, il cui inizio, contrariamente a quanto si è affermato in passato e ancora si continua ad affermare, non fu in alcun modo rinviato a causa della campagna dei Balcani.

Tedeschi, italiani e bulgari divisero la Grecia in altrettante zone di occupazione. Berlino rivendicò per sé Salonicco e dintorni, una *enclave* nel sud dell'Attica con il Pireo, la zona di Didimotika, cioè una striscia di terra compresa tra Adrianopoli e Alessandropoli di circa – nella media – 20 km di profondità subito a occidente del confine greco-turco, la maggior parte di Creta (il resto andò all'Italia) e le isole di Melos, Chios, Lesbos/Mitilene, Skiros e Lemnos. La Bulgaria incamerò la Macedonia orientale, la Tracia occidentale, le isole di Thassos e Samotracia, nonché un piccolo territorio a occidente dello Strimone. L'Italia ottenne il resto del paese e la maggior parte delle isole.

In Jugoslavia, la Germania annetté (di fatto) la Stiria inferiore, la Carinzia meridionale e la Carnia settentrionale ed estese il suo controllo alla Serbia. All'Italia andò un vasto territorio (le province di Lubiana e Fiume, la Dalmazia, il Montenegro, e perfino l'Albania si ingrandì a spese della Jugoslavia sconfitta). Anche la Bulgaria, che ottenne una parte della Macedonia jugoslava, e l'Ungheria, che incamerò la Bačka, la Baranya meridionale e una piccola striscia di terra sulla Mur, parteciparono alla divisione delle spoglie. Quanto alla Croazia, il 10 aprile del 1941 proclamò la propria indipendenza e subito dopo aderì all'Asse. Ad ogni buon conto una siffatta divisione del paese non contribuì certo a riportarvi la calma: al contrario, sul territorio della ex Jugoslavia non tardò infatti a svilupparsi una forte resistenza nazionalista e comunista che diede molto filo da torcere agli occupanti praticamente fino alla fine della guerra.

Dell'intenzione di Hitler di intervenire strategicamente nell'area del Mediterraneo e dell'Asia anteriore solo dopo la conclusione dell'operazione «Barbarossa» seppe abilmente approfittare il premier inglese Churchill, il quale mantenne saldamente il controllo sul Vicino Oriente: truppe inglesi stroncarono infatti un tentativo di colpo di stato in Iraq (2 aprile-30 maggio) e insieme a unità della «Francia libera» occuparono – come già detto – la Siria e il Libano, sconfiggendo le forze fedeli al regime di Vichy fra l'8 giugno e il 14 luglio 1941. A ciò si aggiunga che anche sul fronte interno la situazione migliorò, non foss'altro perché a partire dalla metà di maggio la Luftwaffe cominciò a spostare all'est il 60% delle sue forze. E questo contribuì a far tornare la fiducia.

Quanto alla «guerra principale», l'attacco tedesco all'Unione Sovietica del 22 giugno 1941 portò a un generale rimescolamento delle carte in mano alle varie potenze, o almeno così sembrò in un primo tempo.

CAPITOLO QUARTO

VICENDE E NATURA DELLA GUERRA MONDIALE

In teoria i vertici politico-militari giapponesi, se fossero stati interessati a farlo, avrebbero potuto arrestare la corsa verso la guerra in qualsiasi momento fino al fatidico giorno dell'attacco a Pearl Harbor il 7 dicembre 1941. Se ciò non avvenne, fu anche a causa dell'aggressione tedesca all'est, che fece compiere alla comunità internazionale degli stati – da questo punto di vista – un passo decisivo verso la catastrofe di una seconda «grande guerra» nel XX secolo.

1. *L'operazione «Barbarossa»*

Per ingannare Stalin in merito a quelle che erano le sue vere intenzioni, Hitler condusse una politica fatta di manovre fuorvianti e volta a non creare allarmi. Per questo nella primavera del 1941 egli acconsentì anche alla ripresa su vasta scala delle forniture di merci che nella seconda metà del 1940 avevano avuto un andamento sempre più a singhiozzo e non avevano rispettato la quantità pattuita.

Per parte sua Stalin, sulle cui vere intenzioni ancora oggi gli storici non cessano di interrogarsi, nel corso del 1941 si sforzò in tutti i modi di stabilire relazioni di buon vicinato con la Germania. In effetti il dittatore sovietico si adoperò per convincere il regime nazista – soprattutto con i metodi dell'*economic appeasement* – dei vantaggi derivanti dalla reciproca collaborazione, e lo fece allo scopo di poter disporre del tempo necessario per attuare i suoi numerosi progetti di riforma in campo economico e industriale. Inoltre era convinto che Hitler sarebbe rimasto sempre più invischiato nella guerra – aerea, navale e ora anche fra le sabbie del deserto nordafricano – contro l'Inghilterra. I suoi calcoli, in ogni caso, non gli impedirono di reagire allo schieramento offensivo della Wehrmacht con un rafforzamento delle posizioni difensive dell'Armata rossa nei distretti militari situati lungo il confine occidentale.

Parallelamente alla politica diversiva che conduceva nei confronti del Cremlino, Berlino si adoperò anche, e con successo, per far sì che la Romania e la Finlandia si schierassero attivamente a fianco della Germania nell'operazione «Barbarossa»; entrambi i paesi, in effetti, avevano conti da regolare con Mosca. Alla fine di giugno anche la Slovacchia, l'Ungheria e l'Italia si ritrovarono schierate accanto ai tedeschi nella guerra contro l'Unione Sovietica. Quanto a Franco, si limitò a inviare all'est una unità di volontari, la «Divisione azzurra», ma Hitler sperava che alla fine anche la Spagna sarebbe entrata in guerra contro il Regno Unito. Sul fronte orientale, invece, avrebbe fatto volentieri a meno di italiani e ungheresi, che dovettero praticamente imporre la loro partecipazione all'operazione.

Tale atteggiamento a dir poco presuntuoso era indotto dagli esaltanti sviluppi del conflitto. In effetti, dopo le rapide e vittoriose campagne che si erano susseguite all'est come all'ovest, era cresciuta tra i militari, ma anche in seno alla popolazione civile, la coscienza del proprio valore e la fiducia nel gruppo dirigente del paese, il quale, dopo i fulminei trionfi ottenuti sul fronte occidentale, si mostrò più che mai deciso a condurre in territorio sovietico la prima «guerra lampo» effettivamente progettata come tale. A ciò si aggiunga che Hitler era intenzionato ad approfittare dei problemi, concernenti in particolare gli alti gradi, con cui l'Armata rossa era allora alle prese e delle difficoltà in cui versava anche l'industria sovietica degli armamenti: trattandosi di problemi che con il tempo sarebbero stati risolti, egli ritenne – come nel 1939 – di non dover attendere oltre.

Nel quadro della campagna di Russia il *Blitzkrieg* era concepito – partendo dall'armamento specifico dell'esercito tedesco – come strategia militare che doveva impedire l'*escalation* del conflitto verso la guerra totale. Pertanto era necessaria la rapida vittoria sul piano operativo, da raggiungere tramite l'impiego, calcolato con precisione e per un tempo ben determinato, di un potenziale di uomini e mezzi qualitativamente superiore.

Le guerre contro la Polonia, la Norvegia, la Danimarca, i paesi del Benelux, la Francia, la Jugoslavia e la Grecia si erano svolte secondo modalità tutto sommato «tradizionali», ma all'insegna di una sorprendente rapidità. La Wehrmacht si avventurò invece su un terreno sconosciuto quando cominciò a pianificare la «guerra lampo» contro l'Unione Sovietica, per cui appare ancor più stupefacente l'atteggiamento di boriosa superiorità con cui soprattutto da parte delle alte sfere si guardò al nuovo avversario. E poco importa che anche esperti militari stranieri siano incorsi in analoghi errori di valutazione.

Nonostante le enormi distanze, la mancanza di una moderna rete stradale e ferroviaria in territorio sovietico, e il fatto che solo un quinto dell'esercito potesse essere impiegato per rapide operazioni a vasto raggio, i vertici militari erano convinti di poter cogliere la vittoria al termine di una breve campagna, al punto che non ci si preoccupò nemmeno di predisporre, a livello di risorse umane e di capacità produttive, il necessario (armi, munizioni e quant'altro) per consentire eventualmente alle truppe di affrontare una lunga campagna (basti sapere che c'erano munizioni sufficienti per dodici mesi, mentre per quanto riguardava l'equipaggiamento in genere non si andava oltre i tre mesi; per non parlare, poi, dei numerosi espedienti, in fatto sia di personale sia di materiali, cui si fece ricorso per mettere insieme le forze da impiegare all'est, e della cronica insufficienza di scorte riscontrabile in molti settori). Considerata la realtà dei fatti, l'ottimismo di cui si faceva mostra sembrava forzato.

Date queste premesse, è chiaro che non avrebbero dovuto verificarsi più perdite del previsto e che la guerra sarebbe dovuta terminare prima dell'inizio dell'inverno. In altre parole, i generali, dando prova di scarsa professionalità, ipotizzarono che il nemico sarebbe totalmente crollato al primo assalto, altrimenti incombeva la minaccia di un disastro.

Standο ai piani predisposti, era necessario entro il tardo autunno del 1941 sbaragliare il grosso dell'Armata rossa a ovest della Dvina e del Dnepr, e privare Stalin delle risorse indispensabili per la continuazione della guerra e dei principali centri di produzione. Entro l'inizio dell'inverno, quindi, gli invasori dovevano raggiungere quello che nella direttiva n. 21 era indicato come l'«obiettivo finale dell'operazione»: una linea – compresa tra i 1.500 e i 2.000 km a est delle posizioni occupate al momento dell'attacco – che andava da Astrahan (sul delta del Volga, a 95 km dal mar Caspio) ad Arcangelo sul mar Bianco. Un obiettivo che pareva raggiungibile, anche se le forze lanciate all'offensiva oltre la linea Dvina-Dnepr, a causa della carenza di mezzi di trasporto e dello stato pietoso in cui si trovavano le vie di comunicazione, da un lato non potevano più essere rifornite a sufficienza e dall'altro dovevano limitarsi a concentrare i loro sforzi solo in alcuni punti ben precisi.

Il nome in codice «Barbarossa» si rifaceva però non solo a una campagna di conquista pianificata in forma di *Blitzkrieg*, ma anche alla guerra di sterminio che Hitler aveva in animo di attuare contro ebrei, bolscevichi e slavi, guerra che doveva essere condotta senza alcun riguardo per le norme del diritto internazionale allora vigenti. In effetti l'eliminazione dei cosiddetti nemici di razza costituì l'obiettivo operativo di quattro *Einsatzgruppen* della polizia di sicurezza (SIPO) e dello SD, che la Wehrmacht doveva appoggiare con una condotta bellica priva di scrupoli. Ancor prima dell'inizio della campagna, «volenterosi» militari e uomini di legge tradussero i propositi di Hitler in ordini e disposizioni precise che legittimassero, con l'autorità dello stato, i crimini di guerra. Basti qui ricordare il decreto «sulla giurisdizione delle corti marziali nel territorio dell'operazione "Barbarossa" e i provvedimenti speciali per le truppe», decreto che stabiliva la non obbligatorietà dell'azione penale per reati commessi da appartenenti alla Wehrmacht ai danni di civili nemici, anche nei casi in cui l'atto avesse, nel contempo, figura di reato o di infrazione ai sensi del codice militare. Anche il famigerato *Kommissarbefehl* (ossia le «Direttive per il trattamento dei commissari politici»), che prevedeva l'eliminazione di un gruppo ben preciso di ufficiali prigionieri di guerra, fu emanato in assoluto spregio delle vigenti norme del diritto internazionale in materia. Hitler obbligò gli ufficiali a impegnarsi a combattere una guerra del genere, e gli ufficiali, a loro volta, imposero ai soldati un comportamento in linea con le direttive del Führer. Significativo, al riguardo, è l'ordine che il generale d'armata Erich Hoepner, allora comandante della IV Panzergruppe, impartì di propria iniziativa ai reparti posti sotto il suo comando all'inizio di maggio del 1941, ordine in cui egli prefigurava lo scontro imminente prima di tutto come la «lotta dei germani contro gli slavi» e la «difesa dal giudeo-bolscevismo», aggiungendo altresì che

> nella sua impostazione e nel suo svolgimento ogni combattimento dovrà compiersi all'insegna della ferrea volontà di distruggere il nemico nel modo più completo e spietato. In particolare, non dovrà esserci alcuna pietà per i sostenitori dell'attuale sistema russo-bolscevico.

La Wehrmacht era consapevole che l'operazione «Barbarossa» avrebbe provocato la morte per fame di quasi 30 milioni di civili, e questo soprattutto perché l'esercito si sarebbe mantenuto utilizzando tutto ciò che i territori via via occupati potevano offrire. In effetti morirono d'inedia milioni di cittadini sovietici, in particolare ebrei e prigionieri di guerra: un vero e proprio sterminio di massa alla base del quale ci furono ragioni logistiche contingenti, ma anche – e soprattutto – precedenti motivazioni di ordine ideologico.

Il dramma sul fronte orientale, in cui tutti gli orrori della guerra ebbero un ruolo di primo piano, ebbe inizio alle prime luci dell'alba del 22 giugno del 1941, allorché i tedeschi, violando i patti e senza alcuna dichiarazione di guerra, attaccarono l'Unione Sovietica.

Più di 2 mila velivoli della Luftwaffe, che sul fronte orientale poteva contare su 3.900 aerei propri e su altri mille circa forniti dagli alleati, attaccarono gli aeroporti sovietici e distrussero, per lo più al suolo, tra i 1.200 e i 2 mila aerei.

Formate da più di tre milioni di uomini, le forze armate tedesche erano divise in tre gruppi di armate (composti di 10 comandi d'armata e 4 gruppi corazzati, articolati 43 comandi di corpo d'armata su 145 divisioni) e disponevano di circa 3.400 carri armati, 250 cannoni d'assalto, 7.150 cannoni, 600 mila tra automezzi e autoblindo e 625 mila cavalli. A tutto ciò si deve ancora aggiungere che i tedeschi erano appoggiati da truppe italiane, ungheresi, rumene, finlandesi e spagnole per un totale di circa 690 mila uomini.

Nei distretti militari occidentali questo schieramento aveva di fronte a sé quattro gruppi d'armata (composti di 10 armate su 140 divisioni e 40 brigate), che presumibilmente – mancano, al riguardo, dati attendibili – potevano contare su 2.900.000 uomini (circa), 10 mila carri armati, 7.500 aerei e una forte artiglieria.

Nella prima fase dei combattimenti il fattore sorpresa giocò un ruolo fondamentale soprattutto perché Stalin, che pure era perfettamente al corrente dei piani di attacco di Hitler, aveva respinto o non aveva tenuto nel debito conto non solo tutti gli avvertimenti al riguardo, ma anche le considerazioni dello stato maggiore circa un possibile colpo preventivo. Fino all'ultimo egli ritenne possibile il raggiungimento di un accordo con Hitler e si rifiutò di credere che questi fosse disposto a combattere una guerra su due fronti. È bene ricordare, a questo riguardo, che già nel marzo del 1941 Stalin aveva ricevuto dai suoi agenti segreti a Berlino informazioni precise non solo circa la decisione di attaccare, che era stata ormai presa, ma anche in merito al fatto che lo stato maggiore tedesco riteneva che l'Armata rossa avrebbe opposto una valida resistenza lungo il confine per non più di una settimana e quindi la Wehrmacht avrebbe potuto raggiungere la catena degli Urali in non più di 25 giorni.

Poiché le cose sono andate così, ed è anche assodato che Hitler e i suoi strateghi non ritenevano in alcun modo l'Armata rossa una reale minaccia, tutte le chiacchiere che si sono fatte e il continuo scrivere a proposito della guerra preventiva che Stalin avrebbe voluto scatenare per anticipare le mosse dei tedeschi, allo stato attuale della ricerca, non sono altro che amenità. Il concentramento di truppe nella zona di Leopoli (Lv'ov) e Bialystok? Lo stato maggiore dell'esercito non vi ravvisò alcuna intenzione aggressiva. I sovietici, anzi, fecero il gioco dei generali tedeschi dal momento che la decisione di concentrare ingenti forze nelle zone confinarie non fece altro che facilitare le manovre di accerchiamento della Wehrmacht. Sicché non a caso il 14 giugno Goebbels poté annotare nel suo diario:

Sembra che i russi non abbiano la benché minima idea [!] di quel che sta per succedere. In ogni caso si muovono come meglio non potremmo desiderare: in masse compatte, un facile bottino di prigionieri.

In poche parole, la storiella di un attacco sovietico ormai imminente e al quale la Wehrmacht sarebbe scampata per un nonnulla, fu una invenzione della propaganda divulgata ad arte il 22 giugno del 1941 nel proclama che Hitler indirizzò al popolo tedesco.

Nella sua corsa verso Mosca, il gruppo di armate Centro (feldmaresciallo Fedor von Bock) annientò entro il 9 luglio, nella doppia battaglia di Bialystok e Minsk, le forze sovietiche ormai accerchiate dalla fine di giugno del Fronte occidentale (324 mila prigionieri). Dopo di che le unità tedesche varcarono il Dnepr e la Dvina e puntarono rapidamente su Smolensk, che cadde il 16 luglio, anche se la sacca nei pressi della città poté essere chiusa solo il 5 agosto (310 mila prigionieri). Con il passare dei giorni, intanto, le truppe sovietiche cominciarono a difendersi con sempre maggior accanimento, e non è escluso che in questo abbia giocato un ruolo di rilievo l'appello di Stalin – teatrale, ma per la popolazione comunque credibile e sincero – alla «grande guerra patriottica» e alla lotta partigiana del 3 luglio 1941.

Dopo la battaglia di Smolensk sembrava perfino ovvio che si dovesse avanzare in direzione di Mosca per sostenervi lo scontro decisivo: e in effetti il feldmaresciallo von Brauchitsch e il generale d'armata Halder chiesero con insistenza che venisse impartito l'ordine di proseguire. Ma Hitler ordinò di arrestare l'avanzata del gruppo di armate Centro a 360 km da Mosca per impiegare i suoi carri armati a sostegno dei gruppi di armate Nord e Sud. Una decisione, quella del dittatore, che trova una spiegazione negli obiettivi politici e militari che egli perseguiva: occupazione della Crimea, conquista del bacino del Donez, interruzione dei rifornimenti di petrolio sovietici provenienti dal Caucaso, accerchiamento di Leningrado e riunione con le forze finlandesi.

Nel frattempo, il gruppo di armate Nord al comando del feldmaresciallo Wilhelm Ritter von Leeb aveva conquistato gli stati baltici e il 13 settembre aveva completato l'accerchiamento di Leningrado. Ebbe così inizio un assedio che sarebbe durato 900 giorni e avrebbe provocato circa un milione di vittime civili. D'altro canto divenne chiaro che i tedeschi e i loro alleati finlandesi non sarebbero riusciti a impadronirsi dei porti di Arcangelo e Murmansk, che erano di vitale importanza per i rifornimenti provenienti d'oltreoceano, e della regione del mar Bianco.

Il gruppo di armate Sud (feldmaresciallo von Rundstedt) raggiunse come stabilito l'ansa del Dnepr dopo la vittoriosa conclusione, l'8 agosto, della battaglia della sacca di Uman (103 mila prigionieri). Alla fine di agosto furono avviate importanti operazioni nel corso delle quali venne occupata nel settembre Kiev e le truppe sovietiche dislocate a est della città (le unità del Fronte sudoccidentale) subirono una pesante sconfitta al termine di duri combattimenti (665 mila prigionieri).

Nella notte tra il primo e il 2 ottobre, i «soldati del fronte orientale» ascoltarono un appello del Führer in cui tra l'altro si diceva che dovevano prepararsi ad «un ultimo fortissimo colpo» al fine di «fare a pezzi» il nemico «prima dell'arrivo dell'inverno». Così cominciò l'operazione «Tifone», l'assalto a Mosca.

Contestualmente alle operazioni del gruppo di armate Nord, che investirono Leningrado e il lago Ladoga, e alla vittoriosa avanzata del gruppo di armate Sud in direzione di Kursk, Harkov e Doneck, il gruppo di armate Centro si mise in marcia verso la capitale. Il feldmaresciallo von Bock aveva ai suoi ordini la seconda flotta aerea, tre armate e tre gruppi corazzati con 78 grandi unità, in tutto quasi 2 milioni di uomini. Numeri impressionanti, certo, ma in realtà le condizioni delle unità lasciavano piuttosto a desiderare. Mancava il carburante, circa il 50% dei carri armati e il 22% degli automezzi era inutilizzabile, i vuoti provocati dalle molte perdite subite erano stati colmati con personale di riserva – almeno parzialmente – insoddisfacente, non tutti gli effettivi erano stati dotati dell'equipaggiamento invernale e quasi tutte le unità veloci erano passate da una battaglia all'altra senza quasi tirare il fiato e senza rimpiazzi.

Tuttavia il primo *round* di una battaglia che pure si era deciso di combattere nel periodo più sfavorevole dell'anno andò comunque a Bock. Nelle battaglie di accerchiamento di Brjansk e Viasma egli annientò nove armate sovietiche (80 divisioni) e fece 673 mila prigionieri. Ma il paese possedeva una incrollabile volontà di resistenza, enormi riserve di carri armati e cannoni, e soprattutto poteva contare – se si tiene conto dei riservisti mobilitabili – su ben 14 milioni di uomini in armi.

A partire dalla metà di ottobre, le piogge autunnali e il fango impedirono la continuazione delle operazioni per almeno tre settimane. Non appena il terreno ghiacciato creò condizioni ideali per ampie e veloci operazioni con i carri armati, Bock riprese l'avanzata il 15 novembre e all'inizio di dicembre il fronte passava tra 20 e 60 km ad ovest di Mosca.

Nella capitale sovietica, Stalin aveva sfruttato il tempo di quella che i tedeschi avevano chiamato *Schlammpause* (la pausa dovuta al fango) per preparare la difesa. A questo scopo, aveva tra l'altro ordinato la parziale evacuazione della popolazione civile e dell'apparato statale, dichiarato lo stato d'assedio, trasferito a Mosca e dintorni dalle regioni asiatiche unità più fresche e meglio armate, e aveva altresì provveduto a nominare il generale d'armata Georgij K. Žukov, il vincitore di Nomonhan-Haruha, comandante in capo del Fronte occidentale.

A Bock, invece, dopo i sanguinosi combattimenti sostenuti nella sua marcia di avvicinamento alla capitale sovietica vennero a mancare le riserve operative necessarie per sfruttare il successo fino ad allora riportato. Una parte del suo gruppo di armate era bloccato, altre unità erano allo stremo delle forze. A ciò si aggiunga che il 4 dicembre arrivò il gran freddo – fino a 40° sotto lo zero – che colse l'esercito del tutto impreparato e a causa del quale, fra i tanti problemi, rimasero bloccati anche i reparti motorizzati incaricati di sorvegliare i varchi esistenti tra i vari settori del fronte: quando, il 6 dicembre, scattò la controffensiva sovietica, fu proprio attraverso questi varchi che essa si sviluppò provocando quella che Halder non esitò a definire la più grave crisi militare nell'arco di due guerre mondiali. Brauchitsch, Bock e altri caddero in disgrazia, e il 19 dicembre Hitler in persona assunse il comando operativo dell'esercito. Il primo ordine che diede in tale veste fu quello di resistere a ogni costo, aggiungendo che d'ora in avanti ogni ripiegamento avrebbe dovuto essere da lui espressamente autorizzato.

Affamati, stremati dal gran freddo, a corto di medicine, prostrati a causa delle enormi perdite, anche materiali, subite, i soldati avrebbero dovuto ritrovare il vecchio spirito combattivo grazie a una fanatica resistenza. E in effetti le truppe si ripresero: quando il sopraggiungere del disgelo mise fine agli attacchi sovietici, il gruppo di armate Centro teneva saldamente, nel marzo 1942, un fronte dall'andamento zigzagante a circa 150 km a ovest di Mosca. Ma i tedeschi, in realtà, dovevano ringraziare per questo anche Stalin, il quale, invece di dare retta a Žukov, che gli aveva consigliato di investire frontalmente Smolensk, ordinò di procedere all'accerchiamento del gruppo di armate Centro, un'impresa che in quel momento non era alla portata dell'Armata rossa.

Anche se il fronte era stato stabilizzato, va comunque sottolineato che la macchina da guerra di Hitler non si riebbe più dalle conseguenze della sconfitta subita alle porte di Mosca. Inoltre è chiaro che l'operazione «Barbarossa» non raggiunse nessuno degli obiettivi prefissati, poiché la «massa dell'esercito russo» sfuggì all'annientamento, l'economia sovietica rimase intatta, nei territori occupati il bottino realizzato fu inferiore al preventivato e, per finire, già nel corso del 1942 la produzione bellica sovietica superò di parecchio quella tedesca. Un risultato, quest'ultimo, che venne ottenuto grazie al trasferimento, subito dopo l'attacco, di ben 2.593 fabbriche di armi, 1.523 delle quali di grandi dimensioni, nelle più sicure regioni orientali del paese, ma anche grazie alla pronta e decisa riconversione degli impianti industriali alla produzione bellica e alla costruzione di nuove fabbriche di armi.

Per quali ragioni fallì l'unica campagna tedesca pianificata come *Blitzkrieg*? Certo la pioggia, il fango e l'ondata di freddo estremo giocarono un ruolo importante. Ma questi, in Russia, sono fenomeni naturali tutt'altro che eccezionali, sicché il fatto che abbiano colto alla sprovvista gli aggressori non può che rinviare a quella che fu la causa principale del mancato successo del *Blitzkrieg*: l'aver adottato un piano troppo rischioso e ambizioso, un piano, per di più, che si fondava su una sottovalutazione a dir poco sconsiderata dell'avversario.

Alla fine del 1941 Hitler non perse solo la sua «guerra principale», perse anche la guerra, come del resto era prevedibile considerando gli eventi a posteriori. Avvenuto in coincidenza con l'entrata in guerra di Tokyo e Washington, il disastro di Mosca rappresentò per il Terzo Reich la vera svolta strategica della guerra, la sconfitta! Con ogni probabilità in seno al gruppo dirigente nazista ci fu chi si rese conto di questo, ma nel caso di Hitler una valutazione analoga non è documentabile. Allo stesso modo, non è facile dire se mai ci fu un momento, prima del suo suicidio nel bunker della Cancelleria a Berlino il 30 aprile 1945, in cui egli considerò la guerra come irrimediabilmente perduta. In realtà, le sue affermazioni in merito, se si guarda alla loro successione cronologica, al contesto in cui vennero fatte e agli eventi reali, contengono numerose contraddizioni e quindi possono dar luogo a diverse interpretazioni. Alla fine prevale tuttavia l'impressione che egli riuscisse a cogliere aspetti positivi anche nelle situazioni più compromesse e drammatiche, e questo perché, malgrado i ricorrenti momenti di depressione, rimase sempre profondamente convinto che «una situazione non è mai senza speranza». Quel che è certo è che egli non perse mai la speranza, se non proprio nella vittoria, almeno nella possibilità di *venirne fuori in qualche modo*: oggi sappiamo quanto lui stesso abbia ostacolato tale esito.

2. *La condotta criminale della guerra e il genocidio*

No, i responsabili di eccidi e atrocità di massa come Hitler e i suoi complici nelle SS, nelle Waffen-SS, nello SD (servizio di sicurezza), nella polizia, nella Wehrmacht o in una qualsiasi delle tante organizzazioni che facevano capo al partito, non dovevano *venirne fuori in qualche modo*, e questo costituì un obiettivo dichiarato degli alleati, poiché erano responsabili del genocidio degli ebrei, della cosiddetta «eutanasia» e della morte di migliaia e migliaia di persone innocenti in tutti i paesi occupati. Si trattava di uomini, donne e bambini di ogni età e condizione, assassinati spesso nei modi più crudeli in seguito a rappresaglie dopo attentati o azioni di sabotaggio, o nell'ambito delle operazioni antipartigiane, a volte solo perché semplicemente sospettati di una qualche forma di collaborazione con le varie «bande». Se è vero che la resistenza armata contribuì a rendere più brutale il regime di occupazione, è altrettanto vero che essa rappresentò di fatto una reazione di legittima difesa contro gli aggressori e il loro criminale regime d'occupazione.

Il carattere criminale della «guerra nazista» risulta dal fatto che il governo, ai cui ordini i soldati tedeschi combatterono dal 1939 al 1945, commise o ordinò crimini di guerra e crimini contro l'umanità. E a questo riguardo va sottolineato che tra quel che avvenne all'est e quel che avvenne all'ovest la differenza fu, tutto sommato, quantitativa e non qualitativa. Sul piano etico, infatti, anche i tedeschi impiegati nei Balcani, in Francia e in Italia dimostrarono di possedere, nei confronti dei delitti ordinati dallo stato, una soglia di inibizione molto bassa, sicché anche quando sarebbe stato teoricamente possibile rifiutarsi in punto di diritto di eseguire un ordine, furono assai pochi gli uomini in uniforme che si avvalsero di una simile opportunità. Particolarmente significativo può essere considerato, a questo riguardo, il comportamento che i militari tedeschi tennero dopo l'uscita dell'Italia dalla guerra, allorché, in esecuzione di tre «ordini del Führer», perpetrarono uno dei più atroci crimini della seconda guerra mondiale: il massacro di 7 mila soldati italiani prigionieri o che si erano arresi dopo aver resistito con le armi, peraltro in esecuzione di un ordine del re, al loro disarmo e all'occupazione del loro paese da parte della Wehrmacht. Solo un pugno di ufficiali fece ciò che ogni soldato tedesco o membro delle SS avrebbe dovuto fare e si oppose alla esecuzione degli ordini criminali che erano stati loro impartiti; il che, tra l'altro, dimostra che l'affermazione secondo cui alla criminale condotta di guerra all'est avrebbe fatto altrove da contraltare un comportamento del tutto rispettoso del diritto internazionale non è che pura mitologia.

Tra i crimini di guerra commessi dai tedeschi va annoverata anche la deportazione di uomini e donne – a volte presi al termine di vere e proprie «razzie di schiavi» – per farne dei lavoratori forzati. Nel 1944 il loro numero toccò i 7.126.000 (di cui 1.831.000 prigionieri di guerra o «militari internati»), vale a dire una cifra corrispondente al 24% del totale delle persone che all'epoca venivano impiegate nell'economia di guerra (ma secondo altre stime, il numero di questi lavoratori forzati avrebbe toccato la cifra di 14 milioni).

Anche l'altissimo numero di decessi tra i prigionieri di guerra russi (3.300.000 su un totale di 5.700.000) costituì un crimine efferato e, va da sé, una chiara violazione del diritto internazionale, un crimine, tuttavia, che lo «stato di emergenza» o una generalizzata volontà di sterminio non bastano da soli a spiegare. La sua causa prima, in realtà, va piuttosto individuata nel disprezzo per gli slavi – un disprezzo di stampo chiaramente razzista – implicato e alimentato dai criminali ordini che vennero impartiti alle truppe nell'ambito dell'operazione «Barbarossa». Basti ricordare, al riguardo, l'atteggiamento che tennero gli alti gradi dell'esercito, che di regola si disinteressarono totalmente della sorte dei prigionieri sovietici.

Ma al di là di questa autentica miseria umana, cui del resto in questa sede possiamo soltanto accennare, autori, coautori e collaboratori a vario titolo del regime nazista si resero responsabili del massacro degli ebrei europei, che come genocidio parzialmente realizzato ebbe inizio in Polonia e venne poi continuato nel corso della guerra all'est. A questo proposito, va sottolineata in particolare l'attività dei circa tremila uomini delle *Einsatzgruppen* A, B, C e D, che a partire dal 22 giugno del 1941 cominciarono ad eliminare gli ebrei, in un primo tempo solo gli uomini ma dopo alcune settimane anche le donne e i bambini (560 mila circa le loro vittime accertate alla fine di aprile del 1942). A partire dall'inizio dell'estate del 1941, la formula ormai diffusa e comunemente usata di «soluzione finale della questione ebraica» espresse la ferma volontà del regime nazista di eliminare tutti gli ebrei che si trovavano, e/o fossero venuti a trovarsi, nella sua sfera d'influenza. In tal modo, Hitler compì il passo decisivo verso la totale attuazione del genocidio della popolazione ebraica; certo un suo ordine chiaro e inequivocabile in tal senso non è ancora stato trovato, ma la cosa non riveste soverchia importanza, dal momento che le prese di posizione del Führer – nei suoi discorsi, monologhi e in quel che dettò a Bormann – equivalgono a una ammissione di responsabilità. Il dittatore emerge da tutte queste fonti come la figura centrale del genocidio, e lo stesso Himmler, del resto, ce ne fornisce una autorevole conferma. È dunque probabile che per la «soluzione finale» siano state emanate direttive soltanto verbali.

Quel che è certo, invece, è che la decisione di attuare il genocidio non venne presa nel corso della cosiddetta «conferenza di Wannsee» il 20 gennaio del 1942. In realtà la riunione che Reinhard Heydrich, capo della polizia di sicurezza (SIPO) e del servizio segreto (SD), tenne a Berlino con alcuni esponenti ministeriali e di altri uffici interessati ebbe, da un lato, la funzione di chiarire una volta per tutte che l'unico competente in materia di genocidio era Himmler, il capo delle SS, e, dall'altro, servì a definire le basi per una collaborazione senza attriti o intoppi in vista della creazione di una «Europa libera da ebrei». Vale la pena sottolineare, a quest'ultimo proposito, che i partecipanti alla conferenza stabilirono che si sarebbero dovuti eliminare non più di 11 milioni di ebrei.

Se le SS e gli altri autori del massacro cominciarono a mettere in atto in grande stile la «soluzione finale», decisa nel 1941, solo a partire dal marzo del 1942, ciò si dovette soprattutto al fatto che gli organizzatori, dal momento che la fucilazione degli ebrei si era rivelata una «incombenza» che richiedeva troppo tempo, comportava grosse spese e metteva anche a dura prova i nervi degli esecutori, si sforzarono di allestire un apparato di morte su basi industriali, tecnicizzato e quanto più possibile spersonalizzato. Naturalmente per ottenere un risultato del genere bisognava provvedere alle necessarie infrastrutture, ma già nella seconda metà del 1941 si registrarono i primi esperimenti con i «camion a gas» e con il Zyklon B (nelle camere a gas).

Contemporaneamente vennero intensificate le deportazioni nei ghetti. A farne per primi le spese furono, nell'autunno del 1939, gli ebrei polacchi, mentre nel 1940 fu la volta di un primo gruppo (7.900) di ebrei tedeschi, per lo più provenienti dalla Pomerania, dal Baden e dalla Saar. Nell'ottobre del 1941 ebbe inizio la sistematica deportazione all'est degli ebrei tedeschi, e nella primavera del 1942 analoga sorte toccò agli ebrei che vivevano nei paesi occupati dalla Germania.

All'inizio, la ghettizzazione avrebbe dovuto costituire il primo passo verso la deportazione degli ebrei ancor più ad est, ed in particolare là dove, come ad esempio nelle regioni artiche, era facile prevedere che si sarebbe registrato un alto tasso di mortalità. In questo contesto, contrassegnato da una chiara volontà di sterminio, venne dunque elaborato il Generalplan Ost, che prevedeva il «trasferimento» in Siberia dai paesi baltici, dal Governatorato generale e dalle regioni occidentali dell'Unione Sovietica di ben 31 milioni di persone. In seguito alla piega che venne prendendo il conflitto, queste ipotesi di soluzione territoriale, frutto di una volontà di germanizzazione e di una *Lebensraumpolitik* a dir poco profondamente inumane, caddero da sole.

Per quanti erano costretti a viverci, i ghetti, in cui morirono di fame e di stenti 500 mila persone, divennero ben presto l'anticamera dell'inferno. Nessuno, e in ogni caso non i burocrati dell'amministrazione civile che svolgevano il loro servizio nei territori orientali occupati, poteva certo meravigliarsi se la ghettizzazione, vale a dire la decisione di stipare in spazi angusti decine di migliaia di persone affamate e prive di tutto, era all'origine di un gran numero di problemi: situazioni di emergenza in realtà coscientemente provocate e alimentate dagli stessi che poi le invocavano per sollecitare con sempre maggior insistenza soluzioni ancor più radicali e anche omicide. Allorché l'attacco giapponese a Pearl Harbor, il 7 dicembre 1941, provocò l'entrata in guerra degli Stati Uniti, Goebbels riassunse laconicamente nel suo diario, in data 13 dicembre 1941, la conseguenza che ne sarebbe derivata: «Siamo alla guerra mondiale, e la distruzione dell'ebraismo ne sarà l'inevitabile risultato». Chiaro il riferimento alla «profezia» contenuta nel discorso che il Führer aveva tenuto davanti al Reichstag il 30 gennaio del 1939.

La decisione di Hitler di eliminare gli ebrei era conforme agli obiettivi politico-razziali della guerra da lui scatenata, e contemporaneamente rispondeva alle situazioni di emergenza cui abbiamo poc'anzi accennato, ma un peso determinante nell'indurre il dittatore a perseguire con estrema decisione l'eliminazione degli ebrei europei lo ebbero le sue finalità programmatiche. Non è pensabile, infatti, che la sola coazione esterna potesse condurre – senza la fissazione ideologica di Hitler – alla messa in atto del genocidio; il contrario, invece, è assolutamente plausibile. Quanto alla pubblica opinione, non rimase completamente all'oscuro del genocidio. A parte, infatti, le voci che cominciarono ben presto a circolare e le concrete informazioni di cui si poteva disporre, resta comunque il fatto che i *Volksgenossen* non potevano certo ignorare gli scritti di Goebbels (ad esempio su «Das Reich», in particolare quello del 16 novembre del 1941) o gli interventi di Hitler e Himmler sull'intera questione: in realtà bastava voler informarsi per nutrire almeno dei sospetti in merito a quanto stava avvenendo. A ciò si aggiunga che nel 1942 il mondo intero, Vaticano compreso, seppe del massacro ormai in atto; non si poteva, è chiaro, essere a conoscenza di quanto stava avvenendo nei dettagli, ma questo non basta a spiegare perché non successe praticamente nulla. Non sono mancate e non mancano, al riguardo, le spiegazioni, ma finora nessuna è apparsa veramente soddisfacente.

Così come l'eliminazione – nei modi che conosciamo: fame, lavori forzati, esecuzioni di massa, torture, camere a gas – di più di sei milioni di ebrei europei, anche il massacro degli «zingari» rientrò tra gli obiettivi politico-razziali dei nazisti. In tempo di pace vessati e terrorizzati in ogni modo, in tempo di guerra (a partire dal maggio del 1940) vennero deportati nei territori occupati della Polonia, dove, a partire dal 1943, cominciarono a essere eliminati con il gas o mediante esecuzioni di massa (il numero delle vittime Sinti e Roma è incerto, ma generalmente si parla di più di 200 mila).

Resta aperta la questione concernente il ruolo che in tutto questo ebbe la Wehrmacht, una questione che, in realtà, non si presenta di difficile soluzione. Come prima cosa, è assodato che i vertici militari vennero personalmente informati da Hitler (26 maggio 1944) e da Himmler (25 gennaio 1944) in merito a ciò che si stava facendo con gli ebrei. Inoltre l'esercito cooperò fin dall'inizio della guerra con le *Einsatzgruppen* della polizia di sicurezza e dello SD e fu quindi corresponsabile dei massacri che queste perpetrarono nei territori occupati. Nei Balcani, in qualche caso la Wehrmacht si sostituì addirittura alle SS e svolse il «lavoro» normalmente affidato agli uomini di Himmler. Ufficiali comandanti tra i più alti in grado pretesero dai loro subordinati «comprensione» per le sofferenze che venivano inflitte agli *Untermenschen* ebrei. E i campi di sterminio – particolare, questo, che ben difficilmente può essere ignorato – poterono assolvere al loro compito solo sotto lo scudo protettivo dell'esercito schierato sul fronte orientale. In conclusione: senza l'accettazione, né l'approvazione, del genocidio da parte dei comandanti, inteso nel senso più ampio della parola, della Wehrmacht, l'olocausto non sarebbe stato in alcun modo possibile.

3. *Le scelte di politica mondiale nella seconda metà del 1941*

Nell'estate del 1941 Hitler diede l'impressione di ritenere che tutto, ormai, fosse fattibile e alla sua portata. Convinto che la guerra all'est fosse ormai vinta, verso la metà di luglio prospettò all'ambasciatore giapponese Oshima la possibilità di dar vita a un'alleanza offensiva antiamericana su basi praticamente planetarie: dopo la conclusione dell'operazione «Barbarossa» – disse – la Germania e il Giappone avrebbero potuto e dovuto «distruggere» gli Stati Uniti.

È probabile che l'idea cervellotica di un *Weltblitzkrieg* («guerra lampo mondiale») abbia affascinato per qualche tempo il dittatore. Storicamente più importante si dimostrò invece, dopo l'attacco all'Unione Sovietica, la costituzione di una informale «coalizione anti-Hitler», una *Grande Alliance* tra Londra, Mosca e Washington che poteva contare su un potenziale economico enorme e sul 75% delle risorse umane e materiali della Terra. La prima formazione di questo nuovo fronte strategico fu contrassegnata dalla presa di possesso da parte delle truppe americane delle basi inglesi in Islanda il 7 luglio: in pratica le acque intorno all'isola, che Berlino considerava zona di operazioni a tutti gli effetti, divennero parte integrante di una zona di sicurezza così proclamata dal presidente Roosevelt. Inoltre, dopo l'attacco di un sottomarino tedesco a un suo cacciatorpediniere, l'US Navy ricevette l'11 settembre l'ordine di aprire il fuoco contro le navi da guerra delle potenze dell'Asse che si trovassero a operare in acque ritenute di vitale importanza ai fini della propria difesa; Hitler, desiderando che gli USA si tenessero alla larga dal conflitto fino alla definitiva sconfitta dell'URSS, incassò il colpo senza reagire. Quello stesso giorno uscì un memorandum dei Capi di Stato Maggiore riuniti (il «Joint Chiefs of Staff Committee»), nel quale, dando per scontata l'entrata in guerra del paese, si indicava come obiettivo la sconfitta militare del Terzo Reich e la salvaguardia dell'integrità territoriale delle Filippine, della Malesia, delle Indie Olandesi, dell'Australia, della Birmania e della stessa Cina. La drammatica temperie in cui il mondo venne a trovarsi nella seconda metà del 1941 toccò il suo punto più alto il 9 ottobre, quando il presidente americano prese la decisione – decisione quanto mai fatale – di autorizzare la costruzione in tempi brevi della bomba atomica.

Già il 12 luglio Londra e Mosca avevano sottoscritto un'intesa con cui le due parti si erano garantite reciproco e totale appoggio nella guerra contro la «Germania hitleriana» e avevano altresì escluso ogni eventualità di una pace separata o di un armistizio unilaterale. Stalin, per la verità, avrebbe voluto qualcosa di più: allo scopo, infatti, di alleggerire la pressione su una Armata rossa che sembrava ormai con le spalle al muro, a partire dal 18 luglio egli chiese insistentemente al governo inglese di aprire un secondo fronte sul continente europeo, ma Londra in quel momento non era in condizione di poterlo fare.

L'alto comando sovietico, in effetti, era alle prese con grosse difficoltà per via delle enormi perdite materiali che le proprie truppe stavano subendo nel 1941. Roosevelt e Churchill ne erano al corrente, e in occasione degli incontri bilaterali dal 9 al 14 agosto – che confermarono ancora una volta l'obiettivo della «completa distruzione della tirannide nazista» e si conclusero con l'annuncio degli obiettivi per il tempo di pace riassunti nella Carta atlantica – proposero per questo a Stalin una conferenza delle tre potenze. Gli esperti delle tre parti avrebbero chiarito ciò di cui l'Unione Sovietica aveva urgente necessità, e il 28 settembre, in effetti, americani, inglesi e sovietici si trovarono a Mosca per discutere di questa e di altre questioni. Venne così concordato che entro il giugno 1942 all'Armata rossa sarebbero stati forniti aerei, carri armati, jeep (5 mila) e automezzi (85 mila). Considerata, poi, la situazione generale, l'ingresso di truppe sovietiche e inglesi in Iran (25 agosto 1941), paese ufficialmente neutrale ma che intratteneva amichevoli relazioni con la Germania, venne considerato utile: di conseguenza, oltre a quelli di Murmansk e Arcangelo, anche i porti sul golfo Persico poterono essere utilizzati per rifornire l'Unione Sovietica di tutto ciò – armi, mezzi e merci di ogni tipo – di cui aveva assolutamente bisogno.

Stalin non nascose però la sua delusione per i risultati dei colloqui, poiché, a suo parere, l'Unione Sovietica restava inutilmente e completamente abbandonata a se stessa; non era vero, ma non c'è dubbio che la sua diffidenza, peraltro non nuova, ebbe effetti durevoli sulla politica sovietica. Malgrado ciò, tuttavia, la *Grande Alliance* sopravvisse fino alla fine della guerra contro le aspettative e le speranze di Hitler, e a dispetto delle crisi e delle gravi prove cui fu sottoposta. In questo contesto, vale la pena ricordare il fatto che fino all'8 agosto del 1945, giorno in cui Mosca denunciò il patto di non aggressione sovietico-giapponese, essa si indirizzò solo contro il Terzo Reich e i suoi alleati europei, sicché con l'impero del Sol Levante se la dovettero vedere praticamente solo la Gran Bretagna e gli USA.

Come abbiamo ricordato, fu nel giugno del 1941 che Tokyo prese la decisione di volgersi a sud; e il 24 luglio con il consenso, peraltro estorto, del regime di Vichy, 40 mila soldati dell'imperatore invasero l'Indocina meridionale. Roosevelt reagì congelando i crediti giapponesi negli Stati Uniti, il che in pratica equivalse ad un embargo commerciale su vasta scala; il Regno Unito, i suoi *dominions* e l'Olanda non tardarono a seguire l'esempio americano, con il risultato, tra l'altro, di bloccare quasi del tutto i rifornimenti di petrolio al Giappone. A questo punto, poiché a causa del blocco delle importazioni le sue riserve di greggio, calcolate in base ai consumi del tempo di pace, si sarebbero esaurite nel giro di 24 mesi, il governo giapponese si vide costretto ad agire. Tre, del resto, erano le strade che esso aveva davanti a sé: giungere alla revoca dell'embargo, accettare la riduzione della sua capacità d'azione sia economica sia militare o passare a un espansionismo aggressivo volto a ottenere le risorse di materie prime che mancavano al paese.

Americani e giapponesi sapevano che in fin dei conti si trattava di scegliere tra la guerra e la pace, e quindi decisero che, almeno per il momento, era meglio continuare a discutere: un esito cui non furono estranei anche i dubbi degli ammiragli e dei generali americani, i quali non ritenevano che le forze armate del paese fossero in grado di affrontare una guerra che si sarebbe combattuta «su due oceani» e quindi volevano avere più tempo a disposizione per prepararsi meglio. Sull'altro versante, d'altro canto, non tutti i militari erano convinti che il Giappone avrebbe avuto la meglio nei confronti degli USA; così anche a Tokyo si levarono voci dissenzienti rispetto all'eventualità di una guerra, e a ragione, perché le speranze di vittoria dei falchi si fondavano sull'ottimistica previsione che ai grandi e clamorosi successi iniziali del Giappone avrebbe fatto seguito una situazione di stallo, destinata a favorire l'apertura di negoziati di pace e il riconoscimento delle conquiste già avvenute. Come si vede, era un gioco a dir poco rischioso se solo si considerano la forza della coalizione avversaria e le sue possibilità strategiche su scala mondiale. Tuttavia, dopo che il primo novembre una conferenza imperiale si era ancora una volta espressa a favore della guerra, si decise che le operazioni avrebbero dovuto cominciare all'inizio di dicembre. Poco meno di quattro settimane prima, diplomatici dei due paesi tornarono ad incontrarsi per verificare nuovamente se c'erano le condizioni per un'intesa in grado di evitare la guerra, ma a quel punto l'élite dirigente del paese si preoccupava solo di ingannare gli americani per migliorare la propria posizione di partenza in vista della guerra.

Tokyo sottopose a Washington due proposte. La prima venne respinta perché considerata del tutto inaccettabile, la seconda, invece, non incontrò un deciso rifiuto perché prevedeva che si raggiungesse un qualche temporaneo *modus vivendi* in attesa di una successiva, accettabile composizione dei rispettivi interessi. Alla fine però gli americani, che grazie a MAGIC sapevano più di quanto i giapponesi non sospettassero, respinsero anche questa proposta perché nel frattempo si erano venuti convincendo che il Giappone, in realtà, aveva deciso già da tempo di scatenare una guerra. Si aggiungevano le proteste di Chiang Kai-shek, il quale temeva, e Churchill con lui, che un accordo su queste basi avrebbe finito per danneggiare in particolare la Cina.

Roosevelt a questo punto optò per una mossa risolutiva e presentò quindi al governo giapponese una serie di richieste rispetto alle quali non era più possibile accampare dei pretesti o temporeggiare: ritiro delle truppe giapponesi dalla Cina e dall'Indocina, riconoscimento da parte di Tokyo del governo di Chiang Kai-shek e stipulazione di un accordo americano-giapponese che, ove fosse entrato in contrasto con la sostanza del patto tripartito, avrebbe dovuto avere priorità nei confronti di quest'ultimo. Soprattutto con la richiesta di ritirarsi dalla Cina, dove i giapponesi aspiravano alla vittoria totale, il presidente pose la questione decisiva. E Tokyo reagì di conseguenza: considerò la richiesta alla stregua di una provocazione e diede ordine di attaccare la base di Pearl Harbor.

Anche per quanto riguarda l'Asia, non si pone il problema della responsabilità della guerra. Benché talora poco incline al compromesso, Roosevelt non voleva la guerra e nemmeno voleva togliere qualcosa al Giappone, i cui dirigenti, in realtà, avrebbero dovuto soltanto restituire ciò che con la loro politica aggressiva avevano indebitamente sottratto agli altri paesi dell'area, una richiesta tutt'altro che iniqua rivolta a un aggressore quanto mai orgoglioso e pieno di sé.

A Washington le trattative sono ancora in corso quando in novembre, sotto il comando dell'ammiraglio di divisione Chuiki Nagumo, una flotta giapponese di cui fanno parte ben sei portaerei comincia a dirigersi verso l'arcipelago delle Hawaii distante 6.800 km. Quando giunge a 370 km a nord dell'isola di Oahu, alle prime ore del mattino del 7 dicembre gli aerei decollano dalle portaerei per raggiungere il loro obiettivo: Pearl Harbor. Le perdite giapponesi sono lievi (29 aerei e 5 sottomarini «tascabili»), mentre alla fine della giornata si contano tra gli americani 2.403 morti e 1.178 feriti tra militari e civili. Attaccati prima ancora di avere il tempo di levarsi in volo, 164 aerei andarono perduti e 128 rimasero danneggiati. Delle otto corazzate americane, tre vennero affondate, due si capovolsero e le restanti subirono danni più o meno gravi. Anche altre navi furono danneggiate e tre cacciatorpediniere nonché un posamine andarono a fondo (al momento dell'attacco erano alla fonda e in porto 70 navi da guerra e appoggio).

Certo, tutte le corazzate, tranne due, tornarono in linea – come le altre navi colpite ma non affondate – già nel corso della guerra. Inoltre le tre grandi portaerei e gli incrociatori pesanti di scorta che non erano in rada al momento dell'attacco non subirono danni di sorta, ma siccome la guerra nel Pacifico è stata soprattutto una guerra navale, non c'è dubbio che dopo l'affondamento delle navi da battaglia americane a Pearl Harbor e di due britanniche tre giorni dopo (10 dicembre) gli alleati si ritrovarono, alla fine del 1941, in una difficile situazione.

Pearl Harbor fu un vero trauma per gli americani, al punto che vennero insediate sette commissioni di inchiesta allo scopo di fare chiarezza sulle eventuali responsabilità. Cominciarono a circolare voci e sospetti in merito al ruolo effettivamente svolto da Roosevelt, il quale, stando sempre a queste voci, sarebbe stato al corrente dell'imminente attacco, ma non avrebbe fatto nulla per impedirlo allo scopo di coinvolgere il suo paese nel conflitto: un'accusa, va detto, a sostegno della quale non è stata finora prodotta alcuna prova convincente. Altra cosa, naturalmente, è chiedersi se l'aggressione, che colse il governo americano completamente di sorpresa, poteva essere eventualmente evitata grazie a un'analisi più accurata della situazione generale. Determinante risultò comunque il fatto che i militari non avevano ritenuto possibile un attacco aeronavale contro le Hawaii, una convinzione su cui è probabile abbia notevolmente, se non decisamente, pesato la sottovalutazione della capacità operativa dell'avversario. A ciò si deve ancora aggiungere il deficit di informazioni da Washington per i comandanti in loco, le carenze nella collaborazione tra l'esercito e la marina, gli errori umani e il comportamento sorprendentemente superficiale dei militari di stanza sull'isola.

Tuttavia quella che in apparenza poté sembrare una grande vittoria, in realtà fu per il Giappone un disastro. I suoi strateghi si erano aspettati che l'avversario, dopo aver dovuto pagare un tale prezzo, fosse disponibile al compromesso e riconoscesse il «nuovo ordine», ma quei calcoli si dimostrarono sbagliati già il primo giorno di guerra. Dopo quello che il presidente Roosevelt definì, con una espressione di rara efficacia che fece molta presa sull'opinione pubblica, il «giorno dell'infamia», la nazione americana reagì infatti con grande compattezza. Per Tokyo, insomma, Pearl Harbor si trasformò nella garanzia della sconfitta.

Con la dichiarazione di guerra degli USA al Giappone l'8 dicembre, il conflitto europeo-africano sfociò nella seconda «grande guerra» del Novecento. Alla fine del 1941 erano in stato di guerra ben 38 paesi, in parte rappresentati da governi in esilio.

Hitler, che venne a sapere dell'attacco a Pearl Harbor dalla «radio nemica», non perse tempo e si dimostrò subito pronto a dichiarare guerra a Roosevelt e all'America, cosa che fece, insieme all'Italia, l'11 dicembre. Poco prima, le tre potenze dell'Asse avevano sottoscritto un'intesa in base alla quale si erano impegnate a lottare fino alla vittoria contro le potenze occidentali e a non concludere una pace o un armistizio separati.

Per i tedeschi, l'entrata in guerra del Giappone avrebbe potuto impedire l'intervento di Washington sul teatro di guerra europeo e quindi il ripetersi di quanto era avvenuto nel corso della prima guerra mondiale, quando le truppe americane diedero un contributo decisivo alla vittoria dell'Intesa. Il Führer pensò che il passo giapponese gli avrebbe per lo meno consentito di disporre del tempo necessario per riprendere l'offensiva in territorio sovietico. A sentire Goebbels, che il 12 dicembre ne prese nota nel suo diario, il dittatore ora non considerava più la situazione «all'est troppo drammatica», ma in realtà il giocatore d'azzardo Hitler si trovò davanti al «rien ne va plus», e non valsero a cambiare sostanzialmente la situazione i successi che la Wehrmacht ottenne nel 1942 nel settore meridionale del fronte orientale. La *Grande Alliance*, insomma, e non Berlino, poteva disegnare il futuro del mondo. Non a caso anche Stalin, dopo aver brillantemente superato con le sue sole forze la gravissima crisi militare, si affrettò a presentare il suo paese come una grande potenza più che mai cosciente del proprio ruolo e ad accennare agli obiettivi della «sua» guerra con il ministro degli Esteri inglese Anthony Eden, quando questi si recò in visita a Mosca nel dicembre del 1941. Il dittatore sovietico, infatti, chiese il riconoscimento non solo del confine occidentale del paese in base al tracciato del 21 giugno 1941, ma anche delle condizioni venutesi a creare all'est di questo confine prima di tale data, l'annessione di Petsamo, la disponibilità di alcune basi nella Romania occidentale, la divisione della Germania in piccoli stati e alcune cessioni territoriali dei tedeschi a Mosca e a Varsavia.

Poco dopo, il primo gennaio del 1942, 26 stati, tra cui anche l'Unione Sovietica, sottoscrissero a Washington la «Dichiarazione delle Nazioni Unite», che confermò i principi democratici già riassunti nella Carta atlantica; i paesi firmatari, inoltre, si impegnarono a non concludere una pace separata con la Germania o il Giappone. Il 6 gennaio Roosevelt affermò che scopo della guerra era il «totale annientamento del militarismo tedesco», e il 14 dello stesso mese si concluse la prima conferenza di Washington (nome in codice «Arcadia»), nel corso della quale americani e inglesi affrontarono questioni di rilevanza strategica. Convennero che in Asia avrebbero conservato posizioni centrali per la difesa dei loro interessi e impedito ai giapponesi l'accesso alle materie prime d'importanza strategica. Ribadirono, inoltre, che la sconfitta della Germania avrebbe dovuto costituire il loro primo obiettivo («Germany first») e che avrebbero rimesso piede sul continente europeo appena la cosa fosse stata concretamente possibile. A quest'ultimo riguardo si decise di chiudere l'accerchiamento del Reich e stringerlo sempre di più, mediante il rafforzamento del blocco navale (la cui importanza crebbe notevolmente dopo che a Berlino vennero a mancare i rifornimenti sovietici), nonché la guerra di bombardamento, il sostegno dei movimenti clandestini, un massiccio appoggio materiale a Stalin e la presa di possesso della costa nordafricana.

Ed è appunto per raggiungere quest'ultimo obiettivo che gli inglesi ripresero l'iniziativa nell'Africa settentrionale, dove, potendo disporre di una chiara superiorità sia nei cieli sia in fatto di mezzi corazzati, il 18 novembre del 1941 diedero inizio sul fronte di Sollum all'operazione «Crusader». Dopo una serie di duri e da ambo le parti sanguinosissimi combattimenti, le truppe italotedesche dovettero, a partire dall'8 dicembre, ritirarsi dalla Cirenaica; ai primi giorni di gennaio del 1942 il fronte si stabilizzò nella zona di El Agheila-Marsa el Bregha, nel fondo della Sirte.

Solo dopo aver ottenuto i mezzi, e il carburante, di cui avevano assoluto bisogno, il 21 gennaio le forze italotedesche poterono scatenare una controffensiva che nel giro di cinque mesi le portò a Tobruk e costrinse gli inglesi a ritirarsi fino a El Alamein. Il primo luglio il feldmaresciallo Rommel lanciò un attacco troppo precipitoso, che dopo tre giorni fu bloccato così che la via per l'Egitto rimase sbarrata. Nel Nordafrica la battaglia decisiva avvenne tra la fine di ottobre e l'inizio di novembre del 1942. Fino a quel momento furono le battaglie in territorio sovietico e la condotta di guerra di Tokyo a dominare la scena.

5. *L'espansione giapponese in un'impasse strategica*

Nel dicembre del 1941 l'esercito giapponese poteva contare su 2.080.000 uomini, il grosso dei quali però si trovava in Cina e in Manciuria. Parzialmente assai segnato dalla guerra di logoramento contro i cinesi, esso era diviso in 51 divisioni e 58 brigate o formazioni dello stesso tipo: 4 divisioni e 11 brigate erano di stanza in patria, 2 divisioni si trovavano in Corea, 13 divisioni e 24 brigate in Manciuria, 21 divisioni e 20 brigate in Cina, 11 divisioni e 3 brigate nell'Asia sudorientale. Alle forze di terra si aggiungevano inoltre 5 divisioni dell'aviazione dell'esercito con circa 1.500 velivoli. Dal punto di vista qualitativo, comunque, la motorizzazione e le componenti corazzate delle varie unità lasciavano piuttosto a desiderare rispetto agli standard europei.

La marina da guerra schierava 10 navi da battaglia, 10 portaerei, 6 portaerei senza ponte di volo, 18 incrociatori pesanti e 20 leggeri, 113 cacciatorpediniere e 65 sommergibili, 21 dei quali ormai sorpassati. Un buon livello di efficienza e competitività potevano invece vantare le forze aeronavali: in tutto 2.100 aerei, di cui 700 imbarcati e 1.400 a terra.

Ma solo a prima vista il potenziale militare dell'Impero del Sol Levante appariva impressionante, perché una valutazione a lungo termine dovrebbe considerare che il Giappone era costretto a importare quasi tutto ciò di cui un grande paese industrializzato aveva bisogno (più dell'80% del greggio, dei minerali di ferro e di piombo, più del 50% dei rottami metallici, dello stagno, del zinco e dell'alluminio, e almeno il 33% del rame e dell'acciaio). Va da sé che una simile, forte dipendenza dalle importazioni non poteva che ripercuotersi negativamente sulle capacità operative della macchina bellica giapponese, dal momento che nel caso di una lunga guerra sarebbe risultato molto problematico rifornire i vari fronti. Di conseguenza, quando l'occupazione dei paesi ricchi di materie prime del Sudest asiatico non portò all'atteso accordo di compromesso capace di porre fine al conflitto, il Giappone, i cui governanti avevano avventatamente puntato su una guerra di breve durata e quindi non si erano preoccupati di aumentare adeguatamente le scorte delle merci normalmente importate, si trovò a vivere quasi alla giornata.

Poiché i sottomarini e gli aerei americani riuscirono fin dal primo anno di guerra a colare a picco più navi di quelle che il Giappone riusciva a far uscire dai suoi cantieri, la già difficile situazione del paese non tardò ad aggravarsi.

Qualche dato: nel dicembre del 1941 il Giappone, che in tempo di pace si serviva di navi battenti altre bandiere per trasportare fino a un terzo delle merci che importava, disponeva di una flotta commerciale che assommava a circa sei milioni di tonnellate di stazza lorda. Durante la guerra andarono perdute 259 petroliere e 2.086 navi mercantili (8,6 milioni di tonnellate di stazza lorda), mentre nello stesso periodo venne costruito naviglio mercantile per 3.300.000 tonnellate di stazza lorda (cui si aggiungevano le navi catturate: 823 mila tonnellate di stazza lorda). Sul piano degli approvvigionamenti, per l'impero era un disastro annunciato. Nell'ultimo anno di guerra (1945) i cantieri giapponesi costruirono navi per non più di 557 mila tonnellate di stazza lorda: poco o niente se si considera che nel periodo 1939-45 i cantieri navali americani sfornarono ben 5.777 navi mercantili (40 milioni di tonnellate di stazza lorda): un dato che non necessita di particolari commenti e che ci consente di affermare che al confronto con gli aggressori gli USA giocarono, sul piano strategico, in un'altra serie.

Dopo il 7 dicembre del 1941 le importazioni giapponesi di materie prime indispensabili per lo sforzo bellico subirono una drastica diminuzione, sicché già nel corso del 1942 Tokyo dovette affrontare enormi difficoltà sul versante sia dell'industria bellica sia della produzione di beni di consumo. Nello stesso tempo emersero gravi difetti sul terreno dell'organizzazione economica nazionale, e anche l'aumento delle quote di produzione che nel biennio 1943-44 si riuscì a conseguire in alcuni settori, ad esempio in quello aereo, non servì a cambiare sostanzialmente le cose. Certo, dal 1941 alla fine della guerra il Giappone riuscì a costruire circa 70 mila velivoli di ogni genere, ma la superiorità degli USA rimase comunque sempre schiacciante. Dal 1940 al 1945, infatti, le fabbriche americane sfornarono 300 mila aerei, quelle sovietiche 147 mila e quelle tedesche 109 mila: un esempio tra i tanti a riprova del fatto che con il coinvolgimento degli USA la guerra assunse una nuova dimensione, cosa che del resto trova una ulteriore conferma nel progressivo rafforzamento delle forze armate americane.

Alla fine del 1941, l'esercito statunitense, che ancora

l'anno prima contava solo 270 mila effettivi suddivisi in 13 divisioni e altre formazioni minori, era ancora ben lungi dall'aver raggiunto l'organico previsto (11 armate, su 26 corpi d'armata, su 90 divisioni, di cui 22 per lo scacchiere asiatico e 68 per quello europeo, e 16 divisioni corazzate). Al momento dell'attacco giapponese, l'esercito e l'aviazione americani (US Army e US Army Air Force) potevano contare su 1.657.000 uomini e donne, di cui 1.303.000 nelle forze di terra (ma solo 867 mila servivano nelle unità combattenti o nei relativi gruppi di appoggio tattico). Un anno dopo gli uomini e le donne in divisa avevano già raggiunto la cifra di 5.399.000: cifra che crebbe ulteriormente fino a toccare (marzo 1945) gli 8.157.000 effettivi (5.849.000 dei quali nelle forze di terra, e di questi quasi 2.754.000 facevano parte delle unità combattenti o dei relativi gruppi di appoggio).

Come il Giappone, anche gli Stati Uniti non disponevano di un'autonoma arma aerea, ma sia l'esercito sia la marina potevano contare su una propria aviazione. Così, nel dicembre del 1941 l'US Army Air Force (16 flotte aeree al massimo del suo dispiegamento) annoverava nelle sue file 271 mila uomini e donne, che diventarono all'incirca 1.831.000 nel marzo del 1945. Durante la guerra l'aviazione dell'esercito ricevette 158 mila aerei, di cui 51.220 bombardieri e 47 mila caccia, e portò a termine 2.363.800 missioni, nel corso delle quali andarono perduti 23 mila velivoli.

La marina americana disponeva nel settembre del 1939 di 15 corazzate, 5 portaerei, 18 incrociatori pesanti e 19 leggeri, 61 sottomarini e di numerosi cacciatorpediniere e avvisi scorta. Queste unità erano a loro volta divise in tre grandi gruppi navali: la flotta del Pacifico, la flotta asiatica e la squadra navale dell'Atlantico (flotta dell'Atlantico a partire dal febbraio del 1941), che il 5 settembre del 1939 cominciò un capillare servizio di pattugliamento. Composizione e consistenza delle flotte cambiarono ripetutamente. Nel luglio del 1940 l'US Navy poteva contare su 203.127 uomini, che già alla fine del 1941 diventarono 486.226: di questi, 383.150 erano imbarcati o addetti ai servizi a terra, 75.346 servivano nel corpo dei marines e 27.730 nella guardia costiera. Nell'agosto del 1945 il totale degli effettivi della marina toccò la cifra di 4.064.455, di cui 485.833 nel corpo dei marines e 170.275 nei ranghi della guardia costiera.

Dal primo luglio del 1940 al 31 agosto del 1945 i cantieri navali americani costruirono per la US Navy 74.896 navi e imbarcazioni di ogni genere, tra cui: 10 corazzate, 27 grandi portaerei, 111 piccole portaerei usate per la scorta ai convogli (*escort carriers*), 47 incrociatori, 874 cacciatorpediniere, 217 sommergibili e 66.055 tra navi e mezzi da sbarco. Oltre a ciò l'aviazione di marina prese in consegna nello stesso lasso di tempo 75 mila aerei e il suo personale – uomini e donne – passò gradualmente da 10.923 a 437.524.

Nel dicembre del 1941 la flotta del Pacifico era composta da 8 corazzate, 3 portaerei, 21 incrociatori, 67 cacciatorpediniere e 27 sommergibili; quella asiatica poteva a sua volta schierare 3 incrociatori, 13 cacciatorpediniere, 2 navi appoggio (idrovolanti), 6 cannoniere e 29 sommergibili. Alle unità della marina americana, inoltre, andavano ad aggiungersi 2 corazzate, 17 incrociatori e 6 cacciatorpediniere della Gran Bretagna e dei suoi *dominions*, nonché 3 incrociatori, 7 cacciatorpediniere e 15 sommergibili olandesi.

A ogni buon conto, le forze terrestri e aeree di cui gli americani, gli inglesi e gli olandesi disponevano in Asia nel 1941 non sembravano in grado di opporre una valida resistenza ai giapponesi, i quali per la loro marcia espansionistica verso sud disponevano, è vero, solo di 11 divisioni, peraltro con una grande esperienza di combattimento, ma nel teatro di operazioni potevano vantare una schiacciante superiorità aerea. Quanto alla strategia militare di Tokyo, di cui né i tedeschi né gli italiani erano a conoscenza, si può dire che si basò essenzialmente su una pianificazione precisa quanto a tempi di esecuzione, aree interessate, baricentro dell'azione, e sullo sfruttamento del fattore sorpresa. Nonostante il limitato potenziale offensivo di cui disponevano, in altre parole, era facendo leva su questi fattori che i giapponesi speravano di poter raggiungere i loro obiettivi bellici.

Il Giappone sferrò la sua offensiva principale contro le Filippine (di fatto un protettorato americano) e la Malesia britannica. Nello stesso tempo volle allungare i suoi tentacoli su Hong Kong, le isole Gilbert, l'arcipelago di Bismarck e le isole Wake e Guam; dopo di che sarebbe stata la volta della Birmania e delle Indie olandesi. I successi iniziali dei giapponesi andarono oltre le più nere previsioni dei loro avversari: appena dieci ore dopo l'attacco a Pearl Harbor venne distrutta al suolo, anche a causa degli errori che furono commessi dai comandanti americani in loco, la metà degli aerei dislocati nelle Filippine. L'8 dicembre ebbe inizio l'occupazione della Thailandia, che avvenne praticamente senza colpo ferire; contemporaneamente, reparti giapponesi sbarcati sulle coste orientali della Malesia, sconfiggevano il nemico, nonostante la sua superiorità numerica, e occupavano il paese. Singapore, che pure era considerata una fortezza inespugnabile, capitolò il 15 febbraio del 1942, e la sua caduta (con 70 mila prigionieri) segnò la più grave sconfitta patita dagli inglesi nel corso della loro storia.

Le prime truppe di invasione sbarcarono sulle coste delle Filippine il 10 dicembre e 12 giorni dopo il grosso degli invasori aveva già messo piede nel paese. Circa 50 mila giapponesi si trovarono di fronte 29 mila soldati americani e 80 mila filippini. In febbraio ci fu una pausa nei combattimenti, ma, dopo la capitolazione (8 marzo) delle Indie olandesi, le forze armate giapponesi sferrarono il colpo decisivo anche nelle Filippine, con il risultato che la maggior parte dei difensori si arrese il 9 aprile, mentre gli ultimi contingenti deposero le armi tra il 6 e il 9 giugno.

Già alla fine di aprile i giapponesi si impadronirono della città di Lashio, punto d'arrivo della «strada della Birmania» (il cui terminale in territorio cinese era la città di Chungking), e in tal modo interruppero il più importante collegamento via terra di cui i paesi occidentali potevano disporre per rifornire gli uomini di Chiang Kai-shek. Quanto alle truppe inglesi (circa 12 mila uomini), dopo essersi ritirate si prepararono a difendere l'India dal prevedibile assalto dei giapponesi, i quali, nonostante la temporanea battuta d'arresto subita sull'isola di Wake, nel giugno del 1942 potevano ben dire di aver raggiunto tutti i loro obiettivi a medio termine.

A questo punto, l'impero del Sol Levante, dopo essersi impadronito delle materie prime di cui aveva assoluto bisogno, avrebbe voluto mantenersi strategicamente sulla difensiva allo scopo di consolidare la sua sfera d'influenza, che si allargava dalle isole Aleutine a Giava (distanza: 9.500 km) e dalla Birmania alle isole Gilbert (distanza: 8.400 km). Ma gli alleati si dimostrarono tutt'altro che disposti a raggiungere una qualche intesa con Tokyo: anzi, proprio l'assunzione da parte di Washington, alla fine di febbraio del 1942, del comando pressoché esclusivo della *Grande Alliance* in Asia, fece chiaramente intendere la loro determinazione a continuare la lotta a oltranza. Nello stesso tempo, il teatro di guerra del Pacifico venne diviso in due grandi zone di operazioni: una (South-West Pacific Area) affidata al generale Douglas MacArthur, l'altra (Pacific Ocean Area) di competenza dell'ammiraglio Chester William Nimitz. Fin dall'inizio entrambi si preoccuparono soprattutto di impedire nuove invasioni, e il primo risultato positivo di questa strategia giunse all'inizio di maggio, con la battaglia aeronavale di cinque giorni che si combatté nel mar dei Coralli e che costituì anche una «prima» nella storia della guerra navale. La sua conclusione favorevole agli alleati impedì ai giapponesi, che già controllavano la costa settentrionale della Nuova Guinea, di sbarcare su quella sudorientale, e quindi nei pressi di Port Moresby.

All'inizio di giugno del 1942, la US Navy spezzò il nerbo della marina giapponese nella battaglia di Midway. L'isola avrebbe dovuto essere occupata allo scopo di proteggere, come le Aleutine, il fianco orientale della madrepatria e per servirsene come base di partenza per l'invasione, segretamente progettata dall'alto comando della marina, dell'arcipelago delle Hawaii. Inoltre il comandante in capo della flotta giapponese, ammiraglio Isoroku Yamamoto, intendeva infliggere al nemico una sconfitta decisiva sul mare. Dopo il fallimento del piano, che tra l'altro costò a Tokyo la perdita di ben quattro portaerei, i giapponesi non furono più in grado di condurre operazioni offensive ad ampio raggio nel Pacifico centrale.

Otto settimane dopo il successo riportato nella battaglia di Midway, gli americani sbarcarono il 7 e l'8 agosto a Guadalcanal e su altre quattro isole del gruppo delle Salomone; scopo dell'offensiva era quello di allontanare la minaccia che incombeva sulle rotte marittime di collegamento con l'Australia. D'altro canto per il Giappone la perdita di Guadalcanal avrebbe comportato un grave pericolo per la propria cintura difensiva meridionale e avrebbe messo a repentaglio la strategia espansionistica a lunga scadenza in direzione dell'Australia. Anche per questo l'isola divenne ben presto teatro di una sanguinosissima battaglia di usura. Quando Tokyo, a partire dal primo febbraio del 1943, esattamente un giorno prima che gli ultimi reparti della 6ª armata tedesca cessassero la lotta a Stalingrado, evacuò le sue truppe dall'isola, l'avanzata giapponese si era ormai arrestata su tutti i fronti. Il successo conseguito nella battaglia difensiva di Midway e quello ottenuto a Guadalcanal segnarono l'arco di tempo in cui gli alleati ottennero il sopravvento nell'Asia orientale. Alla fine del 1942 anche in seno alla classe dirigente giapponese si levarono voci critiche e qualcuno cominciò a sostenere che il paese aveva affrontato una prova superiore alle sue forze.

6. *Gli orrori della guerra in Estremo Oriente*

Al più tardi a partire da Guadalcanal la massima «uccidere per non essere uccisi» cominciò a caratterizzare il modo di agire di molti combattenti nel teatro di guerra asiatico. In altre parole, nel 1931 aveva avuto inizio una guerra che i soldati giapponesi affrontarono senza alcun riguardo per se stessi, ma anche con una brutalità e una ferocia inimmaginabili, di cui fecero le spese il «nemico» e le popolazioni civili. Diversamente dall'Europa, in Estremo Oriente non si trattava di eliminare fisicamente uno specifico gruppo etnico e nemmeno di combattere una guerra di sterminio in esecuzione di ordini ben precisi impartiti dalle massime autorità dello stato. Le forze armate imperiali, in realtà, condussero una guerra – di fatto – di sterminio in modo del tutto spontaneo, e lo fecero benché ogni soldato portasse con sé le «regole per il servizio al fronte»: regole che, non diversamente dalle «dieci norme di comportamento per la condotta in guerra del soldato tedesco» che ogni appartenente alla Wehrmacht doveva tenere con sé, avrebbero dovuto obbligare i combattenti a conformarsi alle disposizioni in materia del diritto internazionale. Tuttavia in un conflitto in cui le motivazioni dei contendenti avevano una forte componente razzista, regole di comportamento di tal fatta erano destinate a essere largamente disattese. A fronteggiarsi, in altre parole, non furono uomini, ma «bastardi bianchi» e «gialli» o, ancora, «diavoli» e «mezze scimmie». Una simile degradazione dell'avversario contribuì ad allontanare psicologicamente i contendenti e quindi a trasformare i «nemici» in *Untermenschen* anche nel conflitto che si combatté in Asia. Uccidere non dava adito a scrupoli di sorta, e a volte, anzi, poteva dare perfino piacere e magari trasformarsi in uno sport, come avvenne quando due ufficiali giapponesi gareggiarono tra loro per vedere chi avrebbe impiegato meno tempo a uccidere con le loro spade da samurai 150 cinesi.

Che gli americani e i loro alleati abbiano ripagato i giapponesi con la loro stessa moneta, ad esempio evitando di fare prigionieri, è comprensibile, così come lo è la brutalità nei confronti della popolazione tedesca con cui i soldati dell'Armata rossa replicarono alle efferatezze di cui gli uomini della Wehrmacht, della polizia e delle SS si erano resi in precedenza responsabili nei territori occupati dell'Unione Sovietica. Però anche queste reazioni costituirono veri e propri crimini di guerra, e come tali non possono essere in alcun modo e per nessun motivo minimizzate o relativizzate. Ciò vale ugualmente per il trattamento, spesso vendicativo e non di rado omicida, riservato alle minoranze tedesche nei paesi liberati.

I giapponesi commisero ogni sorta di atrocità: dall'uccisione dei prigionieri di guerra all'uso sistematico della tortura, dalla deportazione di uomini e donne per lavori forzati all'espulsione di interi gruppi di popolazione. A ciò si aggiunse la cosiddetta «pacificazione delle campagne» in Cina, un eufemismo per indicare la politica del terrore che venne applicata in senso anticomunista nei confronti dei piccoli contadini. La soldataglia imperiale agì sempre all'insegna del motto: «Uccidere tutto, bruciare tutto, distruggere tutto», e ciò comprese la libertà di saccheggio. Durante una «operazione di punizione» effettuata nel corso del 1942 in due province cinesi, i giapponesi uccisero più di 250 mila civili. Nella Cina settentrionale le vittime della repressione nelle campagne furono circa 2.300.000, ma c'è anche chi parla di 19 milioni tra morti e profughi. Uno dei crimini più terribili commessi dagli uomini in uniforme giapponese fu la sistematica, bestiale violenza carnale nei confronti di circa 200 mila donne nei paesi occupati. Nel dicembre del 2000, a Tokyo, un tribunale di guerra internazionale composto da sole donne, che tra l'altro ha preteso dal Giappone scuse ufficiali e un congruo risarcimento finanziario per le vittime, ha riconosciuto che l'imperatore Hirohito (scomparso nel 1989) ebbe almeno moralmente la colpa dei milioni di stupri commessi dalle sue truppe.

Non meno esecrabili furono gli esperimenti che vennero compiuti su esseri umani dal famigerato «battaglione 731» per mettere a punto aggressivi chimici e batteriologici da usare come arma nel prosieguo della guerra. Più di 3 mila asiatici di tutte le età trovarono la morte a causa di questi esperimenti, che a quanto pare vennero condotti senza alcuno scrupolo.

Il Giappone portò morte e violenza non solo tra i suoi nemici ma anche tra quei popoli che, grazie al «nuovo ordine» e alla cosiddetta «sfera di coprosperità nella grande Asia orientale» cui Tokyo intendeva dare vita, avrebbero dovuto finalmente affrancarsi dal dominio coloniale. In realtà quel che Tokyo voleva, e i vari paesi che avrebbero dovuto far parte di questa «sfera» non tardarono a rendersene conto a loro spese, era semplicemente prendere il posto delle potenze europee. Arroganti, razzisti e brutali, i giapponesi suscitarono ben presto odio e diffusa ostilità in tutti i paesi in cui misero piede: del resto, il loro atteggiamento sprezzante nei confronti degli altri popoli asiatici si manifestò nella propensione a fare un largo ricorso alle punizioni corporali. Una campagna propagandistica – politico-culturale, panasiatica, antimperialista e diretta a mettere in rilievo la superiorità morale e spirituale giapponese – organizzata dal ministero per la grande Asia orientale, non riuscì a dissimulare a lungo la vera natura del «nuovo ordine» voluto da Tokyo. Sicché non dovette passare molto tempo prima che le iniziali simpatie dei circoli nazionalistici si convertissero in un atteggiamento di rifiuto, quando non di aperta opposizione, nei confronti della potenza occupante.

Del resto, bastano pochi dati a illuminare una realtà che fu quanto mai tragica: a causa delle catastrofiche condizioni di lavoro, dei circa 670 mila coreani che vennero deportati in Giappone tra il 1939 e il 1945 come lavoratori forzati, 60 mila circa non fecero più ritorno a casa; in due anni i cinesi si ridussero a 31 mila dai 42 mila che erano all'inizio, mentre dei 300 mila «schiavi del lavoro» asiatici che furono impiegati per la costruzione della ferrovia Birmania-Thailandia, ne perirono in un solo anno ben 60 mila. Durante la realizzazione di questo stesso progetto trovarono la morte anche 15 mila prigionieri angloamericani.

Complessivamente, il numero dei civili che trovarono la morte in seguito all'occupazione giapponese in Cina e nel Sudest asiatico superò i 14 milioni, e tra questi vanno annoverati i 5 mila cinesi – medici, pazienti, infermiere – che la plebaglia in uniforme massacrò senza alcuna ragione a Singapore negli ospedali della città. Lo stesso avvenne a Hong Kong, dove i giapponesi trucidarono 50 soldati e ufficiali inglesi caduti nelle loro mani, e anche alcune suore, non prima, però, di averle violentate davanti a tutti. In Malesia la soldataglia impiccò numerosi prigionieri inglesi dopo averli torturati e aver loro infilato in bocca i genitali. E nel corso della terribile marcia della morte di Bataan (Filippine, aprile 1942) i soldati del paese del Sol Levante trucidarono con le baionette centinaia di prigionieri di guerra mostrando un sadismo senza pari.

A questi pochi esempi, che danno comunque un'idea della realtà della guerra che si combatté in Asia orientale, se ne potrebbero aggiungere moltissimi altri. Molto probabilmente, tuttavia, non sarà mai possibile elaborare dati statistici attendibili in merito ai terribili crimini commessi dai soldati giapponesi, né sarà possibile identificare gli esecutori e attribuire le relative responsabilità. E tuttavia gli storici sono d'accordo nel ritenere che l'inimmaginabile serie di atrocità di cui finora si ha conoscenza corrisponde, di regola, alla realtà.

7. *Cambia l'iniziativa militare in Europa e in Africa*

A partire dal 18 gennaio 1942, il 70° grado di longitudine divise ufficialmente la zona di operazioni italotedesca da quella giapponese. Il fatto, del resto, che i tre paesi non siano riusciti a definire una strategia comune non deve sorprendere più di tanto: la cosa, infatti, trova una spiegazione nella diversità degli obiettivi perseguiti e anche nei particolari rapporti che i giapponesi intrattennero con i sovietici.

Hitler continuò a considerare prioritaria la guerra all'est ed escluse di poter spostare il baricentro del conflitto nel Mediterraneo, e quindi di privilegiare la guerra contro l'Inghilterra nello scacchiere mediorientale e indiano, prima della definitiva sconfitta di Stalin.

I contatti con Subhas Chandra Bose, leader antibritannico dei nazionalisti indiani, con Rashid Ali al-Gailani, il presidente irakeno fuggito in Germania dopo un tentativo di colpo di stato, e con Amin al-Husseini, il Gran Muftì di Gerusalemme (questi ultimi, in particolare, svolsero una intensa attività propagandistica a favore dell'Asse nei paesi arabi), non indussero il dittatore a cambiare una sola virgola della sua strategia. Anche la «dichiarazione sull'Egitto» che Roma e Berlino resero nota il 3 luglio del 1942, in coincidenza con l'attraversamento della frontiera egiziana da parte delle truppe italotedesche, non servì a cambiare la situazione. Una situazione, va da sé, in cui l'eventualità di una pace separata tedesco-sovietica, che Roma, Tokyo e (indirettamente) anche Mosca posero a più riprese al centro dei loro discorsi a partire dalla seconda metà del 1942, si scontrò con la più netta opposizione di Hitler.

Il dittatore, anzi, in vista dell'offensiva estiva emanò, il 5 aprile del 1942, la direttiva n. 41 (nome in codice «Blu»), con la quale celebrò anche i «successi difensivi» ottenuti nella «battaglia invernale» e sottolineò l'esaurimento delle forze nemiche. Tuttavia a giugno, quando cioè l'offensiva tedesca riprese in grande stile, Stalin poteva contrapporre a essa 5.500.000 uomini, mentre le riserve a disposizione dell'alto comando (*Stavka*) comprendevano ben dieci armate e un'armata corazzata. Certo i combattimenti invernali avevano fortemente indebolito anche le truppe sovietiche, ma le forze impegnate sul fronte orientale (*Ostheer*), che all'inizio di giugno ammontavano a 3.750.000 uomini (2.750.000 dei quali tedeschi e 1.000.000 alleati), nel corso dell'inverno 1941-42 subirono tali e tante perdite che alla fine di marzo del 1942 solo 8 delle 162 divisioni sul terreno erano «pronte a ogni impiego», sicché non sarebbe stato possibile riprendere l'offensiva in tutti i settori del fronte orientale. Vero è che dopo la nomina (febbraio del 1942) di Albert Speer a ministro degli Armamenti (in sostituzione di Fritz Todt, morto in un incidente aereo), era assai diffusa la convinzione che la situazione sarebbe nettamente migliorata prima dell'inizio delle operazioni. Ma non era comunque pensabile che le unità così duramente provate potessero ritrovare in poco tempo mobilità e piena efficienza operativa.

Grazie ai pieni poteri che gli vennero conferiti, Speer cercò, nella sua nuova veste di vero e proprio «dittatore dell'economia», di aumentare la produzione razionalizzandone strumenti e metodi. E in effetti, mediante l'adozione di una serie di misure organizzative ispirate ai principi guida del sistema economico liberale e il conseguente abbandono della inefficiente economia di stampo dirigista, e nonostante i continui bombardamenti e le sempre più gravi difficoltà di approvvigionamento, egli riuscì a fare in modo che l'industria degli armamenti raggiungesse proprio verso la metà del 1944 i migliori risultati nella produzione di materiale bellico (carri armati, automezzi, aerei, navi e munizioni). Un risultato certo eccezionale, nel valutare il quale, tuttavia, non va dimenticato che al suo raggiungimento contribuirono in modo determinante centinaia di migliaia di lavoratori forzati. D'altra parte dopo il fallimento dell'operazione «Barbarossa» la produzione non fu più sufficiente a compensare le perdite, né tanto meno fu in grado di far fronte alla necessità di aumentare il grado di efficienza della Wehrmacht così da consentirle di tenere almeno il passo con il nemico. Del resto, per avere un'idea della sconfortante situazione al riguardo dei paesi dell'alleanza tripartita, basta dare uno sguardo alle statistiche riguardanti la capacità produttiva complessiva, il volume della produzione bellica e le riserve di materie prime di tutte le potenze impegnate nel conflitto.

In base alla direttiva n. 41, nel corso del 1942 si sarebbe dovuto «distruggere definitivamente la forza militare residua dei sovietici e togliere loro per quanto possibile le più importanti fonti di sostentamento dell'economia di guerra». In questo senso, tornò utile il fatto che Stalin si aspettasse, considerato il *modus operandi* del gruppo di armate Centro fino a quel momento, un attacco in direzione di Mosca e rinunciasse per questo a passare all'offensiva, come era stato inizialmente previsto. In realtà il piano dell'alto comando tedesco prevedeva, da un lato, che le divisioni schierate nel settore centrale e in quello settentrionale del fronte dovessero rimanere prevalentemente attestate sulle posizioni raggiunte e, dall'altro, lo spostamento di tutte le «forze disponibili» nel settore meridionale del fronte, che andava dalla confluenza dei fiumi Trudy e Sosna fino a Taganrog, sul mar di Azov. L'obiettivo dell'offensiva tedesca era la regione caucasica (oltre il Don, fino al confine turco e iraniano) con i suoi pozzi di petrolio. Quel che è certo è che, a causa del limitato numero di uomini e mezzi disponibili e della situazione dei trasporti, la principale operazione dell'estate del 1942 poté svolgersi solo a condizione di operare per tappe e di lasciare gli altri fronti praticamente sguarniti, il che basta a far capire il grosso rischio che i tedeschi decisero di correre.

A partire dall'8 maggio vennero lanciate alcune offensive di portata limitata come la riconquista della penisola di Kerč (dove furono presi 169 mila prigionieri sovietici). In ogni caso si riuscì a migliorare la posizione iniziale in vista dell'offensiva estiva, mentre la Wehrmacht combatté presso Harkov (dove fece 239 mila prigionieri) la sua ultima grande battaglia vittoriosa di accerchiamento sul fronte orientale. A ciò si aggiunga che all'inizio di luglio anche l'intera Crimea era nelle mani dei tedeschi.

Il 28 giugno il sottogruppo di armate comandato da von Weichs, che riuniva la 2ª armata, la 4ª armata corazzata e la 2ª armata ungherese, diede inizio all'operazione «Blu» (ridenominata operazione «Braunschweig» due giorni dopo) a sud di Livny e su un fronte di 120 km. Il 30 giugno l'azione venne sostenuta dalla 6ª armata del generale Friedrich Paulus, che sviluppò la sua offensiva su un fronte di 200 km. Le truppe avanzarono come previsto e raggiunsero tutti gli obiettivi geografici della «Blu I», ma non riuscirono a infliggere al nemico, che adottò una tattica difensiva elastica e prudente, colpi risolutivi: fu questa tattica – e non la direttiva con cui Stalin già il 16 agosto del 1941 rese noto che i soldati catturati dal nemico sarebbero stati considerati dei traditori – a limitare notevolmente il numero dei prigionieri (73 mila) che i soldati di von Weichs riuscirono a fare nel corso della loro avanzata.

Con l'operazione «Clausewitz» si sarebbe dovuto rimediare a questa mancanza. Quando, il 9 luglio, essa ebbe inizio con l'offensiva della 1ª armata corazzata (Lisicansk, su entrambi i lati), il gruppo di armate Sud era stato diviso in due gruppi di armate: il gruppo di armate A (feldmaresciallo Wilhelm List) e il gruppo di armate B (feldmaresciallo von Bock). Il primo poteva contare sull'11ª e la 17ª armata, sulla 1ª armata corazzata, sulla 8ª armata italiana (generale di corpo d'armata Italo Gariboldi) e sulla 3ª armata rumena (generale d'armata Petre Dumitrescu). Del secondo facevano parte le unità del sottogruppo di armate di Weichs e la 6ª armata di Paulus. Ancora una volta gli attaccanti avanzarono rapidamente, tanto che la linea del fronte a occidente del Don venne spostata 160 km più a sud, ma di nuovo essi non riuscirono a infliggere all'Armata rossa il colpo decisivo, e quindi l'operazione «Clausewitz» si concluse con un insuccesso. Bock non solo perse la fiducia del suo Führer, ma il 13 luglio dovette anche cedere le insegne del comando al generale d'armata Maximilian barone von und zu Weichs an der Glon. Hitler, d'altro canto, interpretò erroneamente l'accorto ripiegamento dei sovietici come una fuga, sicché, del tutto convinto che la vittoria fosse a portata di mano, ordinò alla 1ª e 4ª armata corazzata, nonché alla esausta 17ª armata, di avanzare senza indugio in direzione di Rostov. La grande manovra a tenaglia che aveva in mente avrebbe dovuto impedire al Fronte meridionale di Stalin di mettersi in salvo al di là del Don. Quanto alla 6ª armata di Paulus, puntò rapidamente su Stalingrado, che ormai distava solo 160 km.

Rostov cadde già il 23 luglio, e tuttavia troppo tardi, perché il nemico riuscì a sottrarsi all'annientamento, e solo le sue retroguardie caddero nelle mani dei tedeschi. Ciò nonostante, Hitler affermò che gli obiettivi indicati nella direttiva n. 41 erano stati «sostanzialmente raggiunti». Anzi: quello stesso giorno (23 luglio) egli emanò la direttiva n. 45 per la continuazione dell'operazione «Braunschweig». Diversamente da quanto sino ad allora pianificato, invece di due operazioni successive venne ordinata un'offensiva doppia e contemporanea: mentre il gruppo di armate A doveva occupare la costa settentrionale del mar Nero, prendendo possesso dei pozzi di Majkop, Grozny e Baku (1.200 km a sudest di Rostov), al gruppo di armate B toccò il compito di allestire la difesa sul Don, prendere Stalingrado e avanzare lungo il Volga fino ad Astrahan sul mar Caspio.

Il frazionamento delle forze causò in breve problemi nei rifornimenti, soprattutto di carburante e munizioni. Nonostante queste e altre difficoltà, il gruppo di armate A occupò Majkop il 9 agosto e il primo settembre attraversò il fiume Terek nel Caucaso, dove l'avanzata si arrestò praticamente alle porte di Ordzonikidze. In conseguenza di ciò le alte sfere dei comandi tedeschi si trovarono in una situazione critica: Hitler meditò di sbarazzarsi del feldmaresciallo Wilhelm Keitel (capo del Comando supremo della Wehrmacht) e del suo più stretto consigliere militare, il generale di corpo d'armata Alfred Jodl (capo dello stato maggiore operativo del Comando supremo della Wehrmacht). Ma alla fine a fare da capro espiatorio fu il feldmaresciallo List, con il risultato, tra l'altro, che Hitler non solo lo rimosse dal suo incarico, ma assunse personalmente il comando del gruppo di armate A, che tenne dal 9 settembre al 22 novembre del 1942, allorché nominò comandante in capo il generale d'armata Ewald von Kleist.

Alla fine l'operazione «Braunschweig» fallì: non riuscì il tentativo di assumere il controllo della costa del mar Nero a sudest di Novorossijsk e anche gli sforzi compiuti per aprirsi la strada verso il mar Caspio non diedero i risultati sperati. Nel migliore dei casi i tedeschi poterono solo consolidare le posizioni già raggiunte. Il 24 settembre del 1942 il Führer diede per prima cosa il benservito al generale Halder e subito dopo chiamò a ricoprire la carica di capo di stato maggiore dell'esercito il generale di corpo d'armata Kurt Zeitzler.

Già il 19 agosto del 1942 il generale Paulus aveva dato

ordine alla sua 6ª armata di attaccare Stalingrado, e alla fine di ottobre le sue truppe, affiancate da reparti alleati, l'avevano conquistata per il 90%, nonostante la tenace resistenza opposta dai difensori. Ma quando l'Armata rossa passò al contrattacco, il 19 novembre, nel giro di soli quattro giorni tre Fronti sovietici riuscirono, con una perfetta manovra a tenaglia, a chiudere in una sacca tra il Don e il Volga i circa 250 mila uomini della 6ª armata. Il 23 novembre Hitler proibì al generale Paulus, che ne aveva fatto richiesta, qualsiasi ripiegamento nel tentativo di spezzare l'accerchiamento. Ebbe così inizio un misero deperimento fino all'agonia causato da fame, freddo, malattie e azioni del nemico che durò alcune settimane. Anche il gruppo di armate Don (sottogruppo di armate di Hoth con la 4ª armata corazzata e la 4ª armata rumena, il gruppo operativo Hollidt – il XVII corpo d'armata –, la 6ª armata e la 3ª armata rumena) costituito il 21 novembre e posto sotto il comando del feldmaresciallo Erich von Manstein, che avrebbe dovuto riportare la situazione nello stato in cui si trovava prima del 19 novembre e che venne schierato tra i gruppi di armate A e B, non poté cambiare il corso degli eventi.

Il 31 gennaio e il 2 febbraio del 1943 le truppe rinchiuse nella sacca deposero le armi senza capitolare formalmente. Dei circa 195 mila uomini rimasti intrappolati a Stalingrado la Luftwaffe riuscì a evacuarne 25 mila, 60 mila morirono e 110 mila vennero fatti prigionieri: sembra che di questi ultimi non più di 5 mila abbiano fatto ritorno a casa.

Per Stalin, la vittoria sul Volga, che ebbe importanti risvolti politici sia all'interno sia all'estero, rappresentò la vera svolta della guerra. Tra il dicembre del 1942 e l'aprile del 1943, in effetti, le forze sovietiche costrinsero gli aggressori a ritirarsi, prima oltre il Don verso nord e poi oltre il Donez verso ovest, su una linea di difesa che passava a nord di Belgorod – nella zona del rientrante di Kursk, largo fino a 190 km – 140 km a ovest della posizione che le truppe occupavano al momento dell'inizio dell'operazione «Blu». Inoltre la carenza di forze costrinse i gruppi di armate Centro e Nord ad accorciare il fronte, sicché venne dapprima abbandonato il saliente di Vjaz'ma e Ržev (profondo 150 e largo 200 km) e poi quello di Demiansk (profondo 100 e largo 40 km). Oltre a ciò l'Armata rossa riuscì nel gennaio del 1943 a stabilire un collegamento via terra con la martoriata Leningrado, che venne definitivamente liberata dall'assedio un anno dopo.

Se nell'aprile del 1943 la linea del fronte sud (da Belgorod a Taganrog) corrispondeva ancora, grosso modo, a quella della fine di giugno del 1942, i dirigenti nazisti lo dovevano solo agli errori di Stalin e all'abilità del feldmaresciallo von Manstein, comandante in capo del gruppo di armate Sud (gruppo di armate Don fino al 12 febbraio del 1943), che nei mesi di febbraio e marzo riuscì, con il suo contrattacco, a consolidare sul Donez un fronte che ormai aveva cominciato a cedere. Un successo, quello di Manstein, certamente notevole sotto il profilo operativo, ma che non contribuì in alcun modo a modificare la situazione strategica. E diversamente da quanto sostenuto dal feldmaresciallo, Hitler con ciò non riottenne l'iniziativa alla fine di marzo del 1943 né si venne a trovare nella posizione per trattare con Stalin da pari a pari.

A ciò si aggiunga che l'Italia, il principale alleato europeo della Germania, proprio in coincidenza con la seconda, sanguinosa battaglia sul Don (dicembre 1942-febbraio 1943), quando cioè su un fronte ormai decimato sarebbe stato necessario impiegare fino all'ultimo uomo, fece rientrare in patria la sua 8ª armata, che alla fine lasciò in territorio sovietico, tra morti e dispersi, 90 mila uomini: era per l'Asse un chiaro segno premonitore.

La sconfitta di Stalingrado ebbe pesanti ripercussioni anche sul fronte interno tedesco: la solidità del regime fu incrinata, subentrò una crisi di fiducia, la fede nel Führer vacillò, il suo mito si sbriciolò. Alla fine, tuttavia, il potere di Hitler non corse seri pericoli, e la gran massa dei suoi *Volksgenossen* continuò a sperare in una svolta, nonostante, o forse anche proprio a causa, del milione di soldati tedeschi che alla fine di gennaio del 1943 erano già caduti sul fronte orientale.

Con i suoi trucchi propagandistici, Goebbels era comunque ancora capace di ottenere qualche risultato di rilievo: emblematico può essere considerato, al riguardo, il discorso da lui tenuto allo Sportpalast di Berlino il 18 febbraio del 1943, nel corso del quale, per limitare l'impatto psicologico della catastrofe di Stalingrado e contemporaneamente per chiedere alla nazione il massimo di abnegazione, egli annunciò la guerra «totale», che nei fatti non fu mai messa in atto.

Più o meno nello stesso periodo della disfatta di Stalingrado, le sorti della guerra cominciarono a volgere decisamente a favore degli alleati anche in Nordafrica. Alla fine di agosto del 1942 Rommel aveva tentato ancora una volta di sfondare le difese inglesi a El Alamein per aprirsi la strada verso il Cairo, ma il nuovo comandante in capo dell'8ª armata britannica, generale di corpo d'armata Bernard Law Montgomery, il quale, tra l'altro, grazie a ULTRA era a conoscenza fin nei dettagli dei piani del suo avversario, riuscì a sbarrargli definitivamente la strada. Meglio equipaggiati e superiori anche numericamente, il 23 ottobre i militari britannici passarono alla controffensiva. Quando l'armata corazzata italotedesca venne minacciata di accerchiamento, Rommel, nonostante Hitler gli avesse imposto di tenere le posizioni, ordinò il 4 novembre il ripiegamento generale: ripiegamento che, dopo la perdita (23 gennaio 1943) di Tripoli – un colpo terribile per l'Italia e gli italiani – si arrestò solo alla fine di febbraio sulla linea di Mareth (larga circa 35 km), nella Tunisia meridionale. Il 10 marzo il comando del neocostituito (23 febbraio 1943) gruppo d'armate Africa, cioè la 5ª armata corazzata tedesca e la 1ª armata italiana, venne affidato al generale d'armata Hans-Jürgen von Arnim in sostituzione di Rommel, che dovette rientrare in patria per motivi di salute.

Nel frattempo, vincendo la resistenza dei difensori francesi fedeli al regime di Vichy, gli inglesi erano riusciti a occupare l'isola del Madagascar, che temevano potesse essere occupata dai giapponesi, al termine di una campagna che durò (con lunghe pause nei combattimenti) dal 5 maggio al 5 novembre del 1942. Qualche giorno dopo, l'8 novembre, forze angloamericane al comando del generale di corpo d'armata statunitense Dwight D. Eisenhower sbarcarono nei pressi di Casablanca, Orano e Algeri. Nell'operazione (nome in codice «Torch») gli alleati impiegarono 107 mila uomini, 63 mila dei quali come truppe da sbarco, con 430 carri armati. Per il trasporto di uomini e mezzi dai porti americani e inglesi vennero impiegate 370 navi mercantili scortate da 300 navi da guerra. Dopo duri combattimenti, il 10 novembre alleati e francesi firmarono il cessate il fuoco.

Il Duce e il Führer, che in Nordafrica si videro trascinati in una guerra su due fronti, l'11 novembre risposero allo sbarco invadendo la Francia non occupata e la Corsica, e disarmando l'esercito petainista. A Tolone i tedeschi cercarono di impadronirsi della flotta francese, che tuttavia riuscì ad autoaffondarsi il 27 novembre. Quanto al governo di Vichy, nei mesi che seguirono divenne ancor più un fantoccio nelle mani del Terzo Reich.

Inoltre, subito dopo lo sbarco angloamericano, tedeschi e italiani strapparono a Pétain l'assenso a costituire una testa di ponte in Tunisia, dalla quale Hitler sperava di poter ripartire prima o poi all'offensiva: un'impresa senza speranza, vista la schiacciante superiorità aeronavale degli alleati nello scacchiere mediterraneo, che impedì infatti di far giungere alla testa di ponte tunisina sufficienti rifornimenti. Il 13 maggio gli ultimi soldati dell'Asse capitolarono: 130 mila tedeschi e 120 mila italiani vennero avviati verso i campi di prigionia. A questo punto, con gli alleati padroni incontrastati delle coste nordafricane, l'apertura del «secondo fronte» divenne ormai solo questione di tempo.

La questione dell'apertura del «secondo fronte» costituì sempre un nodo centrale, e per i sovietici fonte di non poca diffidenza, in seno alla *Grande Alliance*. L'operazione «Torch», su cui inglesi e americani raggiunsero un'intesa alla fine di luglio del 1942 e di cui Churchill mise al corrente uno scettico Stalin verso la metà di agosto a Mosca, rappresentò in pratica una soluzione provvisoria che certamente venne incontro agli interessi degli inglesi nel Mediterraneo, ma molto meno a quelli dei sovietici. Roosevelt, per parte sua, si sentiva obbligato verso Stalin ed era inoltre preoccupato che tedeschi e sovietici potessero concludere una pace separata, ma nel 1942 non poté imporsi a Churchill e ai suoi consiglieri militari. Effettivamente il presidente americano e i vertici del suo esercito avrebbero volentieri aperto il «secondo fronte» nella Francia settentrionale, in forma di una robusta testa di ponte, già nel 1942; i politici e i militari statunitensi si attendevano quindi uno sbarco in grande stile nel 1943.

In occasione della conferenza di Casablanca (nome in codice «Symbol»), che si tenne dal 14 al 26 gennaio del 1943 e alla quale presero parte Roosevelt e Churchill, accompagnati dai rispettivi capi di stato maggiore, si impose ancora una volta, in merito al prosieguo della guerra dopo l'operazione «Torch», la strategia mediterranea del premier inglese. In particolare venne raggiunta un'intesa definitiva sui seguenti punti: invasione della Sicilia nel corso del 1943 (ma rimase ancora aperta la questione di come passare di lì al territorio continentale), sbarco nella Francia settentrionale nel 1944, estensione della guerra di bombardamento tramite incursioni anche diurne da parte degli americani su obiettivi strategici nonché intensificazione della lotta contro i sommergibili nella battaglia dell'Atlantico. Dopo l'entrata in guerra degli Stati Uniti, nel corso del 1942 la marina tedesca aveva indubbiamente riportato ancora una volta enormi successi, ma nel maggio del 1943 essa si vide costretta ad interrompere la guerra sottomarina nell'Atlantico settentrionale a causa delle ingentissime perdite subite. Una crisi dalla quale il grand'ammiraglio Karl Dönitz, allora comandante in capo della marina militare tedesca, e i suoi uomini non si sarebbero più ripresi. Ancora nel febbraio del 1945, è vero, il risultato del grande sforzo compiuto dall'industria degli armamenti e il più recente sviluppo di sottomarini con caratteristiche tecniche decisamente migliori (ma ancora non sufficientemente provate) indussero Hitler a ritenere che la nuova guerra sottomarina, su cui lui e Dönitz facevano grande affidamento, avrebbe potuto ribaltare le sorti del conflitto; il grand'ammiraglio però non poté mettere alla prova queste sue previsioni, poiché il Terzo Reich crollò prima.

A Casablanca si cominciò anche a progettare la controffensiva in Estremo Oriente. A questo riguardo, gli americani ammisero per il momento che per invadere il Giappone fosse assolutamente necessario disporre di basi in territorio cinese. Qualche tempo dopo, invece, quando Roosevelt e Churchill si incontrarono nel maggio del 1943 a Washington, gli strateghi del Pentagono non esclusero che già il solo controllo del Pacifico occidentale potesse costringere il Giappone a capitolare. In tal caso, lo sbarco sulle isole principali giapponesi non sarebbe più stato necessario.

Ma il fatto politicamente più gravido di conseguenze a Casablanca fu l'annuncio che Roosevelt fece il 24 gennaio nel corso di una conferenza stampa: l'obiettivo bellico era la resa incondizionata della Germania, dell'Italia e del Giappone. Stalin, che non aveva potuto partecipare all'incontro a causa degli sviluppi militari sul Volga, sottoscrisse la dichiarazione il primo maggio; per il resto, però, le ottimistiche spiegazioni degli americani e dei britannici lo lasciarono del tutto indifferente. Non nascose la sua delusione per le intese sul «secondo fronte» e ammonì vivamente contro ulteriori rinvii. Proprio questo era invece il punto di partenza nel frattempo concordato in segreto da Churchill e Roosevelt: i quali accennarono, è vero, all'apertura di un fronte nella Francia settentrionale nel 1943, ma in verità, e più realisticamente, intendevano effettuare lo sbarco nel 1944.

Nei rapporti interalleati, la conferenza di Casablanca costituì uno snodo importante perché con essa si impose una strategia bellica sempre più influenzata dagli americani: una strategia finalizzata al raggiungimento della vittoria totale e all'incondizionata sottomissione dei paesi aggressori. La reazione di questi e la possibilità che sfruttassero, in politica interna, la richiesta di «resa incondizionata» a fini propagandistici non suscitava in campo alleato, come si può ben capire, quasi nessun interesse.

CAPITOLO QUINTO

LE VIE VERSO LA VITTORIA TOTALE

Nella prima metà del 1943 la Gran Bretagna, l'Unione Sovietica e gli Stati Uniti si accingevano a mettere in ginocchio gli aggressori su tutti i fronti. Ma quanto più la fine delle ostilità si avvicinava, tanto più pressante diventava, in un'ottica sia regionale sia globale, la domanda relativa agli obiettivi militari, economici, giuridici, politici e sociali della guerra. La politica della *tabula rasa* affermatasi a Casablanca si basava su un assunto ben preciso: la non partecipazione dei tre paesi sconfitti alla definizione del nuovo assetto mondiale postbellico, che peraltro i vincitori erano ancora ben lungi dall'aver in qualche modo concordato. Erano al centro della discussione i temi della pacificazione e della punizione: nel novero di questi rientravano la divisione della Germania, il ritorno del Giappone entro i confini anteriori al 1914, la smilitarizzazione, le riparazioni di guerra e il ripristino dell'integrità territoriale – sulla base dello *status quo* del 1937 – di tutti i paesi, o parti di essi, annessi od occupati dal Terzo Reich e dai suoi alleati. In tale contesto dal contrasto d'interessi sovietico-polacco derivarono serie difficoltà per la *Grande Alliance*.

Sul tappeto c'erano poi questioni come quelle dell'egemonia, della coesistenza e del libero accesso ai mercati mondiali. Era facilmente comprensibile che americani, britannici e sovietici non mirassero al medesimo scopo. Sarebbe tuttavia stato possibile trasformare l'alleanza di guerra angloamericano-sovietica, imposta dalle circostanze, in una alleanza di pace per il dopoguerra, estesa, come voleva il presidente Roosevelt, anche alla Cina? Considerati i contrastanti interessi in gioco, la cosa sembrava piuttosto improbabile.

1. *Il «secondo fronte» in Italia*

Per non mettere a repentaglio l'alleanza con Stalin, fino all'inizio del 1945 il presidente e il premier preferirono tenere un atteggiamento dilatorio. Certo, in occasione dell'incontro che ebbe luogo a Washington nel maggio del 1943 (nome in codice «Trident»), Churchill tenne una relazione sulla «struttura del mondo dopo la guerra» e presentò un proprio «piano per l'Europa», ma nel complesso furono le questioni di strategia militare a dominare la conferenza, durante i cui lavori avvennero due fatti ai quali non si attribuì l'importanza che pure meritavano: il 15 maggio Stalin sciolse, per motivi sia interni sia internazionali, il Comintern; e poco dopo si concluse la rivolta nel ghetto di Varsavia. I tedeschi avevano già trasferito 300 mila dei suoi abitanti nel campo di sterminio di Treblinka allorché, il 19 aprile, i 58 mila ebrei ancora rinchiusi nel ghetto si ribellarono e per 4 settimane ingaggiarono una dura e coraggiosa lotta con reparti delle SS e della stessa Wehrmacht. Gli sgherri di Himmler massacrarono sul posto più di 7 mila ebrei, mentre i sopravvissuti alla carneficina furono in gran parte trasportati nei campi di sterminio (22 mila) e di lavoro forzato (13 mila).

I politici e i militari partecipanti alla conferenza si interessarono ad altro. Confermarono l'intenzione di sbarcare nella Francia del nord nel corso del 1944, progettarono di usare le basi aeree dislocate nelle Azzorre, insistettero sulla richiesta di resa incondizionata per l'Italia, che Eisenhower (comandante in capo delle forze alleate nel Mediterraneo) avrebbe invece preferito evitare, e decisero l'invasione della Sicilia (operazione «Husky»).

Nella notte tra il 9 e il 10 luglio del 1943 ebbe luogo la più grande operazione anfibia mai verificatasi fino ad allora. Reparti dell'8ª armata britannica e della 7ª armata americana sbarcarono sulle coste meridionali e sudorientali dell'isola. Il corpo d'invasione era formato da 181 mila uomini, 3.680 aerei, 320 navi da trasporto e 280 da guerra, nonché da 2.125 mezzi da sbarco. A queste forze si contrapponevano 325 mila uomini, 68 mila dei quali tedeschi (che in parte furono impiegati in un secondo tempo), e cioè 4 divisioni di fanteria e 5 di difesa costiera della 6ª armata italiana, la divisione corazzata «Hermann Göring», la 15ª e la 29ª divisione *Panzergrenadiere* (fanteria meccanizzata appoggiata da carri armati e cannoni d'assalto) e la 1ª divisione paracadutisti. La copertura aerea era assicurata dalla seconda flotta aerea tedesca (507 aerei) e dall'aviazione italiana, che il 10 luglio poteva contare su 449 velivoli effettivamente utilizzabili. Trascurabile, nell'occasione, il ruolo che svolsero le forze navali dei due paesi dell'Asse.

Il 19 luglio la città eterna venne bombardata per la prima volta, e lo stesso giorno i due dittatori si incontrarono a Feltre per discutere della situazione. Mussolini avrebbe voluto far presente a Hitler che a quel punto per l'Italia non rimaneva altro da fare che uscire dalla guerra, ma alla fine gli mancò il coraggio, con inevitabili conseguenze: il 25 luglio il Gran Consiglio del fascismo provocò la caduta del Duce, e il re nominò capo del governo il maresciallo Pietro Badoglio, il quale si affrettò ad annunciare che la guerra sarebbe continuata al fianco dei tedeschi. Malgrado ciò Hitler ordinò di organizzare nel paese alleato un colpo di stato: un progetto banditesco, che non poté essere attuato per la pronta reazione di Roma e che comunque non consente di parlare di tradimento riguardo all'uscita dell'Italia dalla guerra nel settembre del 1943. In realtà, sul fronte mediterraneo ci fu un solo *tradimento*: quello dei tedeschi.

All'inizio di agosto la situazione delle truppe italotedesche impegnate in Sicilia si fece disperata, e quindi non si poté fare altro che abbandonare l'isola. Entro il 17 agosto circa 40 mila soldati tedeschi – con armi pesanti, munizioni, automezzi e altro materiale – e 62 mila italiani attraversarono lo stretto; in precedenza erano stati evacuati circa 13.500 tedeschi e 32.500 italiani, per lo più feriti. In 177 mila – tra morti, dispersi e prigionieri – rimasero sull'isola.

La vittoria di Eisenhower (20 mila perdite) venne offuscata da due massacri che i soldati della 45ª divisione americana compirono presso Biscari e che costarono la vita a 74 prigionieri di guerra italiani e due tedeschi. Un corresponsabile del massacro fu il comandante della 7ª armata, generale di corpo d'armata George S. Patton, che anche l'anno dopo, quando si trovava in Francia al comando della 3ª armata, avrebbe nuovamente dato ordine ai suoi uomini di non fare prigionieri. Un caso eccezionale, per l'Europa? Nient'affatto! Nell'aprile del 1944, a sud di Roma, uomini della 5ª divisione di montagna passarono per le armi, e non all'insaputa dei loro superiori, 24 prigionieri di guerra alleati. Nel dicembre del 1944, nei pressi di Malmedy un gruppo di Waffen-SS massacrò 86 prigionieri di guerra americani e alcuni civili belgi. A ciò si aggiunga che, in esecuzione di un ordine emanato da Hitler il 18 ottobre del 1942, i tedeschi non esitarono a eliminare i militari impegnati in azioni da commando caduti nelle loro mani; inoltre massacrarono migliaia di soldati italiani fatti prigionieri dopo l'armistizio.

L'andamento delle operazioni in Sicilia incoraggiò gli alleati ad attraversare lo stretto e a mettere piede sulla terraferma. Il 3 settembre, quando il governo Badoglio firmava a Cassibile (Sicilia) l'armistizio con gli angloamericani, due divisioni dell'8ª armata britannica sbarcarono sulla costa sudoccidentale della Calabria (operazione «Baytown»). Il 9 settembre dopo che venne resa nota la firma dell'armistizio, una divisione britannica sbarcò presso Taranto (operazione «Slapstick»), e quattro divisioni americane e due britanniche al comando del generale di corpo d'armata Mark Wayne Clark (5ª armata americana) sbarcarono, come già da tempo era stato deciso, nel golfo di Salerno: una operazione («Avalanche») le cui sorti rimasero appese a un filo fino alla metà di settembre.

I tedeschi trassero un grande vantaggio dal modo dilettantesco con cui il governo italiano preparò l'uscita dalla guerra e soprattutto dal fatto che l'esercito italiano, nelle decisive 24 ore dopo la proclamazione dell'armistizio, venne abbandonato, senza guida, al caos. Alcuni degli ufficiali più alti in grado fuggirono insieme con il re Vittorio Emanuele III e Badoglio il 9 settembre da Roma alla volta del territorio meridionale già occupato dalle truppe degli alleati. Solo l'11 settembre il governò dichiarò i tedeschi nemici: ufficialmente lo stato di guerra tra i due paesi esistette dal 13 ottobre del 1943 in poi.

La Wehrmacht aveva accuratamente preparato le sue contromisure (piano «Achse») e aveva altresì provveduto a dislocare le unità di intervento rapido senza lasciarsi impressionare dalle proteste italiane. Nel sud della Francia, in Italia e nei Balcani 600 mila uomini si prepararono al disarmo delle regie forze armate e all'occupazione dei territori controllati da queste ultime. L'«operazione» riuscì e, considerato il grande bottino ottenuto, si può – sarcasticamente – parlare dell'ultima grande vittoria della Wehrmacht. Il 12 settembre, inoltre, paracadutisti tedeschi liberarono a Campo Imperatore, sul Gran Sasso, Mussolini, che poco dopo – conosciuta l'intenzione dei nazisti di declassare l'Italia come entità nazionale – accettò di guidare il governo fantoccio dello stato satellite della Repubblica sociale italiana costituito a tale scopo. Nel complesso, il Duce rese più agevole agli esecutori degli ordini di Hitler lo sfruttamento economico per fini bellici dell'Italia settentrionale e l'occupazione nazista nel suo insieme.

Per avere un'idea di ciò che ha rappresentato l'occupazione tedesca in Italia, è sufficiente ricordare che, a parte le perdite registrate nelle file dei partigiani (40 mila) e dei soldati italiani «cobelligeranti» (3 mila), e a parte le persone decedute per cause comunque legate alla guerra, furono ogni giorno più di 160 i cittadini italiani che persero la vita dal settembre del 1943 alla fine della guerra nel 1945 (7.300 gli ebrei, tra deportati in Germania e uccisi in Italia). Tutti persero la vita per mano degli occupanti tedeschi, direttamente o indirettamente: bambini, donne e uomini di ogni età, deportati politici, prigionieri di guerra e lavoratori forzati. Tra questi ultimi vanno ricordati anche i circa 650 mila militari internati: così furono chiamati i soldati italiani disarmati e deportati dopo l'8 settembre del 1943, ai quali non venne insomma riconosciuto lo status di prigionieri di guerra, secondo quanto previsto dalla convenzione di Ginevra del 27 luglio 1929. Più di 500 mila di questi faticarono come manodopera servile a vantaggio dell'economia bellica nazista: privi di diritti, fisicamente indeboliti e, ridotti in condizioni di salute disperate, data la scarsità di medicine.

Come in altri paesi occupati, anche in Italia i tedeschi si comportarono, nei rapporti con una popolazione civile che essi consideravano «razzialmente» inferiore, da veri *Herrenmenschen*, dominatori feudali privi di ogni rispetto nei confronti dei non tedeschi, imbattibili quanto a sfruttamento, repressione e crudeltà.

In effetti, dopo la decisiva battaglia di Salerno, ebbe inizio una guerra devastante e, per la popolazione, particolarmente tragica, perché gli uomini di Hitler lasciarono dietro di sé, a mano a mano che si ritiravano, una lunga scia di sangue. Avanzando verso nord, gli americani della 5ª e i britannici dell'8ª armata costrinsero i tedeschi – dal novembre del 1943 in pratica il gruppo di armate C (10ª e 14ª armata) al comando del feldmaresciallo Kesselring – a passare da una linea difensiva all'altra. Dopo Salerno seguirono fra l'altro: le battaglie sul Volturno, Sangro, Garigliano, Rapido e Liri; la lotta per Cassino (sistema difensivo delle linee «Gustav» e «Bernard») nonché per la testa di ponte di Anzio-Nettuno; i combattimenti nei dintorni di Roma (liberata il 4 giugno del 1944), presso Piombino e Chiusi; la tenace resistenza – spesso controproducente in termini di logorio delle forze – sul Lago Trasimeno (linea di difesa «Albert»), sull'Arno, sul Tevere, a nord di Firenze, presso Ancona, Rimini e Bologna; la guerra di posizione, o quasi, nell'Appennino (linea verde, già linea Gotica, da Cinquale a Pesaro) e sull'Adriatico. Alla fine i tedeschi ripiegarono dietro il fiume Po.

La campagna d'Italia fu contrassegnata da duri combattimenti: gli americani ebbero 189 mila tra morti e feriti, i britannici 123.500 e i tedeschi 435 mila, cifre che parlano da sole. Sul fronte italiano, d'altro canto, Wehrmacht, SS e polizia non dovettero vedersela solo con gli alleati ma anche con una popolazione civile prevalentemente ostile e soprattutto con un forte movimento di resistenza armata. Certo fino all'ultimo il gruppo di armate C riuscì a sottrarsi al totale annientamento, ma ciò si dovette soprattutto alla strategia adottata dagli alleati, i quali diedero la precedenza allo sbarco in Normandia e quindi in Italia si posero come obiettivo quello di impegnare il maggior numero possibile di forze tedesche, ma non di ottenere la vittoria a ogni costo. E del resto la sconfitta delle forze armate tedesche nella penisola era per loro solo una questione di tempo. Quando i tedeschi il 2 maggio del 1945 capitolarono, finì per il popolo italiano non soltanto la guerra mondiale ma anche una sanguinosa guerra civile.

2. *La seconda «grande guerra» come unità strategica*

A conclusione di un esame della situazione sui vari fronti del 20 agosto 1943, lo Stato Maggiore dell'Alto Comando della Kriegsmarine constatò che a partire dal 1942 la Germania era passata, nella «grande strategia», dal ruolo del «martello» a quello dell'«incudine». Ne erano una prova la sospensione della guerra sottomarina, la intensificazione e l'allargamento dei bombardamenti strategici sul territorio tedesco, l'apertura di un «secondo fronte» in Italia e l'esito del piano «Zitadelle», nome in codice di una operazione offensiva che aveva avuto inizio il 5 luglio contro il rientrante di Kursk.

In base all'ordine di operazione n. 6 del 15 aprile, scopo dell'operazione «Zitadelle» doveva essere la distruzione delle «forze nemiche attestate nella regione di Kursk» (mediante la simultanea offensiva di due gruppi di armate che dovevano puntare dalla città da Orel in direzione sud e da Bielgorod in direzione nord verso Kursk). Altro obiettivo dei tedeschi era quello di risparmiare forze mediante l'accorciamento del fronte e di recuperare l'iniziativa in primavera e in estate per condurre ulteriori «battaglie offensive». Hitler sperava che l'operazione «Zitadelle», per lui una dimostrazione di forza in cui le armate impegnate sul fronte orientale dovevano dar prova della loro ritrovata capacità operativa, potesse avere per il «mondo l'effetto di un fanale» e potesse altresì disorientare i sovietici, distogliendoli da un'eventuale offensiva, e le potenze occidentali, trattenendole dallo sbarco nella Francia settentrionale: dal suo punto di vista, uno sviluppo del genere avrebbe reso possibile *venirne fuori in qualche modo*, e solo ciò contava.

Il 5 luglio le armate tedesche (dai 435 mila ai 700 mila uomini) presero d'assalto un arco di fronte largo 190 e profondo 120 km che l'Armata rossa, perfettamente a conoscenza delle intenzioni del nemico, aveva avuto tutto il tempo di trasformare in un bastione difensivo pressoché inespugnabile. Il gruppo d'attacco che doveva operare da nord era composto dalla 9ª armata del gruppo di armate Centro (6 divisioni corazzate, 2 di *Panzergranadiere* e 7 di fanteria), mentre quello che doveva muovere da sud era composto dalla 4ª armata corazzata e dal gruppo operativo Kempf del gruppo di armate Sud (3 brigate di cannoni d'assalto, 11 divisioni corazzate e 7 di fanteria). Non disponiamo però di informazioni certe in merito a numero di effettivi, composizione e armamento dei due schieramenti. Stando a fonti non univoche, pare che i tedeschi disponessero di un numero di carri armati e cannoni d'assalto compreso tra i 1.377 e i 3.155, di 9.960 pezzi di artiglieria e mortai e di 1.400, forse perfino di 2 mila velivoli delle flotte aeree 4 e 6. Per parte loro, i sovietici potevano contare su 3 gruppi di armate (di cui uno tenuto di riserva dallo *Stavka*) con un numero di effettivi compreso tra 1.300.000 e 2.000.000. A loro volta, i 3 gruppi erano divisi in 18 armate e disponevano (riserve incluse) di un numero di carri armati e cannoni d'assalto compreso tra i 3.400 e i 5.130, come pure di 19.500 cannoni e mortai e di 2.100 aerei (3.200 secondo altre fonti) che durante i combattimenti conquistarono la supremazia aerea.

Sul piano strettamente militare, «Zitadelle» fu una operazione puramente dimostrativa: l'«arte per l'arte», si potrebbe dire, dal momento che l'offensiva era priva di qualsiasi prospettiva strategica. Quel che è certo è che, come già era avvenuto nel 1941 e nel 1942, anche nel 1943 la Wehrmacht fallì nel suo intento – sia pure, questa volta, in un ambito più limitato e di portata inferiore. Sicché, malgrado i suoi vaneggiamenti, già verso la metà di luglio Hitler ordinò di sospendere l'operazione perché il gruppo Nord aveva interrotto la sua avanzata dopo pochi chilometri (11 luglio) e perché la controffensiva che i sovietici avevano lanciato nell'arco di fronte a Orel per alleggerire la pressione sulle forze impegnate nella zona di Kursk minacciava di chiudere in una sacca la 2ª armata corazzata. A ciò si aggiunga che il quasi contemporaneo sbarco degli angloamericani in Sicilia e l'ormai prevedibile collasso italiano resero necessario prelevare forze sul fronte russo per fronteggiare il pericolo incombente nel Mediterraneo.

Con il fallimento dell'operazione «Zitadelle», la Germania perse totalmente e definitivamente l'iniziativa sul fronte orientale, e il suo esercito poté solo iniziare un ordinato ritiro. Certo, grazie agli ostacoli naturali, alla tattica della terra bruciata, alla tecnica del «frangiflutti», per cui si dovevano assolutamente mantenere posizioni fisse in salienti contro le ondate di attacchi nemici, e, ancora, grazie alla rapida costruzione del vallo orientale, che da Narva, sul Baltico, raggiungeva il mar d'Azov attraverso Vitebsk e Gomel e seguendo il corso del Dnepr fino a Zaporožje, l'avanzata sovietica poté essere rallentata, benché non fermata. L'offensiva estiva lanciata dall'Armata rossa in coincidenza con «Zitadelle» si concentrò in gran parte nel settore meridionale del fronte, dove i sovietici riuscirono ad avanzare in media di 300 chilometri. Nell'agosto del 1943 i tedeschi sgomberarono Orel e Harkov e a partire da metà settembre anche la testa di ponte di Kuban. In novembre le truppe di Stalin varcarono su un vasto fronte il Dnepr liberando Kiev e isolando la Crimea, dove ancora stazionava il gruppo di armate A.

Questi successi ebbero anche ripercussioni politiche: non a caso, infatti, già il 10 agosto «un militare di grado elevato degli USA» presentò uno «studio» nel quale si diceva a chiare lettere che bisognava intrattenere buoni rapporti con l'Unione Sovietica, futura potenza guida nell'Europa continentale. A quanto sembra, per i generali di Roosevelt la Gran Bretagna passò in secondo piano, al punto che Churchill, in occasione della conferenza che si tenne a Quebec (17-24 agosto 1943, nome in codice «Quadrant»), non riuscì a far passare la sua proposta volta a ottenere una intensificazione delle operazioni nello scacchiere mediterraneo. La conferenza si chiuse con la conferma dello sbarco in Normandia (operazione «Overlord») nel maggio del 1944, che era ciò che maggiormente stava a cuore al presidente americano. Si parlò anche di uno sbarco che avrebbe dovuto avere contemporaneamente luogo nella Francia meridionale (nome in codice «Anvil», in seguito «Dragoon»).

Dopo la conclusione della conferenza, Stalin apprese di questa decisione, che dava disco verde all'Armata rossa per la *liberazione* dell'Europa sudorientale e di vaste zone dell'Europa centrale, senza prendere nella dovuta considerazione i diversi interessi politici di tutte le potenze a vario titolo coinvolte. Solo la conferenza moscovita dei ministri degli Esteri (19-30 ottobre 1943) decise di istituire a Londra una «Commissione consultiva europea» con il compito di elaborare proposte di soluzione per i problemi che la fine della guerra avrebbe posto sul tappeto.

Occorre ricordare, inoltre, che a Quebec il presidente americano e il premier inglese sottoscrissero un accordo segreto di collaborazione per lo sviluppo dell'arma atomica. Non solo: stabilirono anche che la nuova arma avrebbe potuto essere usata contro una terza potenza solo se i loro due paesi si fossero trovati d'accordo. E così fu, sicché la decisione di impiegare la nuova arma contro il Giappone non fu soltanto americana.

A Quebec si parlò anche della situazione bellica e politica in Asia orientale: situazione di cui i «due Grandi» tornarono a occuparsi al Cairo (22-26 novembre 1943) con Chiang Kai-shek, con il risultato che alla vigilia del loro primo incontro con Stalin il presidente americano e il premier inglese non si limitarono ad affrontare questioni di strategia militare, ma raggiunsero già qualche intesa in merito all'assetto postbellico in Asia, convenendo, tra l'altro, che la Cina avrebbe riavuto Taiwan e le isole Pescadores, e che la Corea sarebbe diventata uno stato sovrano.

Dal 28 novembre al primo dicembre del 1943 i «tre Grandi» si incontrarono a Teheran. L'incontro (nome in codice «Eureka») servì a definire una strategia comune in seno alla *Grande Alliance* e a confermare che le operazioni «Overlord» e «Anvil» sarebbero state le più importanti nel corso del 1944. A dir poco soddisfatto di questa conferma, Stalin si disse disposto ad appoggiare lo sbarco con una grande offensiva delle sue forze armate. Nello stesso tempo, Roosevelt e i suoi generali presero atto con soddisfazione che dopo la sconfitta della Germania, l'Unione Sovietica avrebbe dichiarato guerra al Giappone: una assicurazione che giunse più che benvenuta, dal momento che gli angloamericani si erano di nuovo convinti della inevitabilità dell'invasione del Giappone, la quale tuttavia sarebbe stata possibile solo a condizione di disporre di basi in territorio cinese, all'epoca ancora saldamente nelle mani dell'esercito imperiale. Quanto alle questioni politiche, si parlò del futuro confine polacco-sovietico, della divisione della Germania, dello status della Finlandia e degli altri stati baltici, di Josip Broz (Tito), riconosciuto come unico leader alleato in Jugoslavia, e dell'entrata in guerra della Turchia, che comunque avvenne solo il primo marzo del 1945.

Appena quattro settimane prima della conferenza di Teheran, Hitler emanò la «direttiva n. 51 per la difesa del l'Occidente», la sua ultima risoluzione strategica nel corso della seconda guerra mondiale. Assillato dal timore di uno sbarco alleato in Francia, egli spostò il baricentro della guerra nell'Europa occidentale. Certo, il dittatore non ignorava il perdurante «pericolo all'est», ma nel tardo autunno del 1943 riteneva che le «enormi estensioni» di quell'area avrebbero potuto consentire «alla peggio anche la perdita di un vasto territorio» senza che per questo il «ganglio vitale» tedesco ne risultasse «mortalmente» colpito. Dunque, per lui era sul fronte occidentale che si sarebbero decise le sorti della guerra: se si fosse impedito lo sbarco sarebbe «tutto finito» e sarebbe stato possibile «spostare nuovamente truppe dal fronte occidentale a quello orientale». In tal modo Hitler tornò – *mutatis mutandis* – alla concezione strategica di fondo che ne aveva ispirato la condotta nel primo anno di guerra, e alla quale, nonostante il rapido e drammatico peggioramento della situazione all'est, rimase ancorato fino alla fine.

All'inizio del 1944 il fronte orientale aveva un andamento serpeggiante e si snodava da Leningrado al mar Nero toccando il lago Ilmen, Vitebsk, Mozyr, Korosten, Fastov, Krivoj Rog, Nikopol (circa 30 km a est) e il basso corso del Dnepr: ciò significava che i sovietici erano già riusciti a riconquistare più della metà del territorio che i tedeschi avevano occupato a partire dal giugno del 1941.

Il 14 gennaio l'Armata rossa attaccò nel settore Leningrado-Nevel, su un fronte di circa 400 km, il gruppo di armate Nord, che entro marzo fu costretto a ritirarsi di 270 km e quindi ad attestarsi sulla linea difensiva «Panther» (fiume Narva, lago Peipus, Pskov, Novosokolniki). Meglio andarono le cose per la Wehrmacht nel settore Polock-Mozyr, dove gli attacchi sovietici si infransero contro la resistenza del gruppo di armate Centro. Sul fronte meridionale (Mozyr-Herson), invece, i tedeschi dovettero ripiegare, rispetto alle posizioni tenute alla fine del 1943, di circa 500 km entro maggio su un fronte di 700, sotto la spinta dell'offensiva di primavera che il 4 marzo i sovietici scatenarono contro i gruppi di armate Sud e A. Il fronte tornò a stabilizzarsi su una nuova linea che partiva da Zatoka sul mar Nero, seguiva il basso corso del Dnestr, passava da Tiraspol, Iași (Romania), toccava le propaggini orientali dei Carpazi, Deljatin, Kovel, le paludi del Pripjat e terminava a Mozyr. Ciò significa che il gruppo di armate Centro, oltre a controllare i «suoi» 500 km di fronte, all'altezza di Mozyr, doveva vigilare anche su un tratto del fronte meridionale che si estendeva verso ovest per circa 300 km, e dunque era schierato su un fronte che aveva uno sviluppo complessivo di ben 800 km. In ogni caso, dopo l'offensiva di primavera, che il 13 maggio del 1944 portò alla liberazione della Crimea, su tutto il fronte orientale si registrò una pausa nei combattimenti che durò fino al 22 giugno.

Ormai chiaramente in difficoltà sul piano strategico-operativo, il Reich dovette anche rinunciare alle basi stesse della sua produzione bellica. Con Nikopol esso perdette insostituibili miniere di manganese. Il 5 aprile del 1944 la 15ª Air Force americana cominciò dalle basi in Italia la sua offensiva contro i pozzi petroliferi rumeni, nonché le raffinerie e le centrali idroelettriche sotto controllo tedesco. Sempre in aprile la Turchia, su cui gli alleati esercitavano forti pressioni da tempo, sospese le forniture di ferro-cromo; a maggio fu la volta della Spagna, che ridusse di parecchio le sue forniture di tungsteno. Contemporaneamente ebbero inizio sistematici attacchi aerei contro le fabbriche tedesche che producevano carburante sintetico. Speer e i suoi esperti non si stancavano di richiamare l'attenzione sulle catastrofiche conseguenze che tutto ciò avrebbe potuto avere sulla conduzione della guerra se non si fosse riusciti a porvi in qualche modo rimedio. Nel peggiore dei casi – dicevano – ne sarebbe risultata minacciata la stessa capacità di movimento della Wehrmacht.

A peggiorare ulteriormente la situazione ci pensarono gli 11 mila aerei alleati che a partire dal primo aprile cominciarono a bombardare la rete di comunicazioni stradali e ferroviarie, e gli obiettivi militari in Francia e in Belgio. Per preparare «Neptune», vale a dire la fase dell'attacco aeronavale dell'operazione «Overlord», vennero sganciate

195 mila tonnellate di bombe. Alle 1,30 del 6 giugno toccò ai paracadutisti dare inizio alle operazioni in territorio francese, mentre i primi sbarchi delle truppe di terra ebbero luogo cinque ore dopo. Alle ore 24 avevano già preso terra, efficacemente appoggiati dall'intenso fuoco di sbarramento delle navi che incrociavano al largo, 132.715 uomini (cinque le teste di ponte, tra Les Dunes-de-Varreville e Merville, 80 km più a est). Con «Overlord» gli alleati misero in campo più di 86 divisioni, 1.213 navi da guerra, 4.126 mezzi da sbarco, 5.112 bombardieri, 5.409 caccia e 2.316 aerei da trasporto. Assolutamente padrona dei cieli, il giorno dello sbarco (D-Day) la gigantesca flotta aerea alleata portò a compimento ben 14.647 azioni. A sole 24 ore dal suo inizio la più grande operazione terrestre, aerea e navale della storia poteva dirsi ormai riuscita. «Neptune» ebbe termine il 30 giugno, e quel giorno già 850.279 soldati alleati erano sbarcati sul suolo francese (sarebbero stati 1.566.000 alla fine di luglio). Contrapposte a tutto ciò, le 58 divisioni tedesche, i piloti della ormai quasi inconsistente flotta aerea 3, che il giorno dello sbarco effettuarono la bellezza di 319 azioni, e le ancor più deboli forze della marina da guerra combatterono una battaglia perduta.

Con «Overlord» ebbe inizio la liberazione dell'Europa occidentale, anche se Parigi fu liberata solo il 25 agosto e fino alla fine di luglio gli alleati restarono bloccati a nord della linea Lessay, Saint-Lo, Caumont, Evrecy, Bourguébus, Troarn. Nel resto della Francia essi poterono in ogni caso contare sull'appoggio diretto o indiretto dei circa 250 mila partigiani francesi (*Forces Françaises de l'Intérieur*): come nell'Unione Sovietica, in Polonia, Jugoslavia, Grecia e Italia, infatti, anche in Francia la resistenza ebbe un ruolo di rilievo sul piano militare. Va ricordato in proposito il terribile massacro che la 2ª divisione corazzata delle SS «Das Reich» compì il 10 giugno del 1944 a Oradour-sur-Glane: un massacro di persone assolutamente innocenti (205 bambini, 240 donne e 197 uomini), non un'azione di rappresaglia, che *niente*, del resto, aveva in qualche modo provocato. Il vero scopo dell'«azione», in realtà, fu piuttosto quello di intimidire la popolazione civile e di dissuaderla dal fornire aiuto e assistenza ai partigiani. Da questo punto di vista, i fatti di Oradur-sur-Glane sono emblematici di come le truppe tedesche svolsero il loro compito nei paesi occupati: mediante il terrore e i massacri della popolazione civile.

Tre giorni dopo l'inizio dello sbarco in Normandia i sovietici lanciarono una grande offensiva sul fronte finlandese e avanzarono in direzione nordovest di circa 300 km. Per evitare l'ormai prossimo collasso del paese, il 19 settembre Helsinki firmò con Mosca e Londra un armistizio, con il quale tra l'altro le venne imposto di collaborare alla cacciata dei tedeschi dalla Lapponia. I finlandesi non ebbero altra scelta, e così i tedeschi, oltre ad un prezioso alleato, persero anche il ferro-nichel, materiale di primaria importanza strategica.

All'attacco in Carelia fece seguito una vivace attività dell'Armata rossa, ormai in grado di spostare con abilità il suo fulcro operativo, in tutti i settori del fronte. La grande offensiva che i sovietici (con 4 Fronti, 2.200.000 soldati, 5.200 carri armati e 5.300 aerei) scatenarono, in occasione del terzo anniversario dell'attacco tedesco, contro il gruppo di armate Centro della Wehrmacht (700 mila uomini male armati ed ancor peggio equipaggiati) si risolse per quest'ultima in una catastrofe ancora più grande di quella di Stalingrado. Entro l'8 luglio del 1944 ben 28 divisioni vennero annientate e 350 mila soldati – morti, dispersi o fatti prigionieri – non risposero più all'appello. Sul fronte orientale si aprì così una breccia gigantesca, attraverso la quale le divisioni sovietiche poterono irrompere e iniziare la loro corsa verso la Prussia orientale e l'ansa della Vistola nei pressi di Varsavia.

Anche in seguito alla rapida avanzata del 1° Fronte bielorusso, il 1° agosto del 1944 insorsero nella capitale polacca le forze della resistenza che si riconoscevano nel governo in esilio di Londra. La sollevazione ebbe come obiettivo militare immediato e diretto il regime di occupazione; dal punto di vista politico, invece, in quanto contributo nazionale alla vittoria sulla Germania nazista, essa avrebbe dovuto rafforzare l'aspirazione dei polacchi ad uno stato indipendente e sovrano. Né gli americani né gli inglesi né, tanto meno, i sovietici, per i quali le aspirazioni nazionali dei polacchi contrastavano nettamente con i loro intenti egemonici nell'area, fecero veramente il possibile per venire in aiuto della disperata lotta delle forze della resistenza. Le ostilità cessarono il 2 ottobre, dopo che la popolazione aveva pagato – tra combattenti e non le vittime furono 250 mila – un prezzo altissimo.

Certo, il Führer ebbe ben poco di cui rallegrarsi nel corso di quell'estate del 1944. Dopo il disastro in Normandia e l'annientamento del gruppo di armate Centro sul fronte orientale, il 20 luglio scampò d'un soffio a un attentato compiuto dal colonnello conte Klaus von Stauffenberg. Il giovane ufficiale addetto allo stato maggiore dell'esercito e gli altri congiurati (tra cui alti ufficiali, funzionari, politici, dirigenti sindacali e uomini di chiesa) non decisero di passare all'azione perché convinti di poter influenzare in qualche modo i piani alleati per la Germania: l'attentato, che costò la vita a più di 200 persone, giungeva per questo semplicemente troppo tardi. E nemmeno si può dire con certezza quali conseguenze avrebbe potuto avere la morte di Hitler: sospensione delle ostilità, caos, guerra civile, una seconda «leggenda della pugnalata alle spalle»? In realtà, ciò che oggi appare storicamente rilevante è solo il fatto che gli «uomini del 20 luglio» agirono, e morirono, per una Germania migliore. Non sembra, del resto, che si possa parlare, generalizzando, di una «resistenza militare», perché quest'ultima in effetti trovò nelle file della Wehrmacht solo pochissimi sostenitori veramente decisi a passare all'azione.

Alla fine, gli americani riuscirono a sfondare le linee tedesche nei pressi di Avranches (30/31 luglio 1944). La 21ª armata britannica e la 12ª americana poterono così riprendere una guerra di movimento che non avrebbe lasciato alcuna chance ai gruppi di armate B e D (in seguito B, G e H), i quali, già privi in pratica di appoggio aereo, rimasero anche quasi a secco di carburante: e ciò già prima della fine d'agosto quando i sovietici si impadronirono dei pozzi petroliferi di Ploiesti. Le divisioni di Hitler «combattevano» – così si diceva per dissimulare una realtà ben diversa – «vittoriose battaglie di ripiegamento» nel nord e nel sud della Francia. Proprio nella Francia meridionale, il 15 agosto, ebbe luogo tra Hyères e Cannes lo sbarco (operazione «Dragoon») della 7ª armata americana

(VI corpo americano e II corpo francese): 2 mila aerei decollati dalle basi a terra e i velivoli di 9 portaerei assicurarono una schiacciante superiorità aerea, mentre 887 navi da guerra, tra cui 5 corazzate, protessero lo sbarco (1.370 i mezzi impiegati) di 87 mila uomini e 12.250 automezzi, sbarco (completato nel giro di due soli giorni) che fu assai debolmente contrastato dal gruppo di armate G. Nell'ambito della strategia angloamericana, «Dragoon» ebbe un peso notevole, perché portò alla liberazione dei porti della Francia meridionale, dai quali sarebbe transitato, allorché la situazione degli approvvigionamenti lungo le coste della Manica si fece critica a causa delle notevolissime difficoltà di scarico, più di un terzo del totale dei rifornimenti destinati alle forze armate alleate nell'Europa occidentale.

La 7ª armata americana (in seguito 6° gruppo di armate) e il I corpo francese avanzarono di 500 km in quattro settimane e raggiunsero Pont-de-Roide, Lure e Luxeil. Il 21 novembre il fronte correva ormai a nord di Belfort (già liberata).

Il 4 settembre gli inglesi raggiunsero Anversa, ma non ritennero di dover liberare l'accesso al porto, le bocche della Schelda controllate dai tedeschi: d'accordo con Eisenhower, Montgomery preferì concentrarsi sulla creazione di una testa di ponte sulla riva orientale del Reno, nei pressi di Arnhem, per impadronirsi in tal modo di una serie di ponti (operazione «Market-Garden») sui cinque corsi d'acqua che attraversavano la regione. Nella circostanza, però, i due generali non si resero conto che per poter condurre un'offensiva contro il territorio del Reich avevano bisogno del porto di Anversa come base per i rifornimenti in arrivo. Un errore che venne pagato molto caro: il 25 settembre «Market-Garden» poteva ormai considerarsi tragicamente fallita (solo 2.398 dei 10.095 uomini paracadutati oltre il Reno ripassarono il fiume su imbarcazioni di fortuna), mentre prima del 28 novembre nessun mercantile alleato attraccò nel porto di Anversa.

Le truppe americane occuparono la prima città tedesca (Aquisgrana) il 28 ottobre, si fecero strada combattendo fino al 16 novembre lungo la linea formata dal Rur, e a partire dall'8 dicembre estesero il loro controllo su tutta la regione a occidente del fiume (da Roermond ad Heimbach). Ma Hitler non si diede per vinto, e il 16 dicembre riuscì a contrattaccare (operazione «Wacht am Rhein», meglio nota come l'offensiva delle Ardenne) con le ultime riserve disponibili. Partecipò all'offensiva il gruppo di armate B (tre armate su 21 divisioni, appoggiate da 1.794 aerei), che almeno inizialmente riuscì a sfruttare il fattore sorpresa e ad ottenere in tal modo qualche importante successo tattico. Sotto il profilo strategico, però, l'obiettivo dell'operazione era del tutto irrealistico. Lo sfondamento oltre la Mosa in direzione di Anversa (per dividere gli americani dagli inglesi) e l'accerchiamento del XXI gruppo di armate, infatti, avrebbero dovuto indurre l'Inghilterra, nella quale gravi contrasti politici parevano essere scoppiati a causa della temuta perdita, ovviamente a tutto vantaggio degli USA, del ruolo egemonico su scala mondiale, a cercare una qualche forma di intesa con Hitler.

Non appena le condizioni meteorologiche migliorarono, la spinta offensiva dei tedeschi si arrestò a causa della schiacciante superiorità aerea degli alleati. Come ricorda Speer nelle sue memorie, il fallimento dell'offensiva delle Ardenne fu seguito dall'«occupazione della Germania, rallentata da una resistenza disordinata e impotente». All'inizio del 1945, comunque, il fronte era ancora relativamente stabile e andava da Rotterdam alla già liberata Mulhouse, passando per Tilburg, Aquisgrana, Treviri, Saarbrücken, Karlsruhe, a est di Strasburgo e a ovest di Colmar.

Quanto al fronte orientale, spesso si sostiene che Hitler ordinò alle truppe che vi erano impegnate una resistenza a oltranza per salvare la vita al maggior numero possibile di profughi ed evitare altresì a quanti più soldati possibile di cadere nelle mani dei sovietici. Ma questa, in realtà, non è che una leggenda, dal momento che il dittatore non si preoccupò minimamente della tragica sorte di queste persone e dei tedeschi in generale, e al riguardo non mancano le prove.

Il 20 agosto del 1944 Stalin aveva lanciato una grande offensiva nel settore meridionale del fronte orientale per cacciare i tedeschi dall'Europa sudorientale. L'offensiva aveva in primo luogo motivazioni di ordine politico, sicché Hitler, che faceva affidamento sul contrasto di interessi tra Mosca e Londra, cominciò subito a sperare in una rottura della *Grande Alliance*. Rottura che non ci fu, e anzi Churchill e Stalin, che il 9 ottobre si incontrarono a Mosca, delimitarono di comune accordo le rispettive sfere di influenza nella regione. Con il risultato che la Bulgaria (per l'80%), la Romania (per il 90%) e l'Ungheria (per l'80%) furono fatte rientrare nella sfera d'influenza sovietica, mentre la Grecia venne inclusa (per il 90%) in quella inglese. Quanto alla Jugoslavia, Londra e Mosca convennero di spartirsi la torta esattamente a metà.

La Romania e la Bulgaria, d'altro canto, non avevano perso tempo e già prima dell'incontro moscovita si erano affrettate a cambiare campo e a dichiarare guerra alla Germania: la Romania il 25 agosto e il successivo 8 settembre la Bulgaria. Durissimi combattimenti ebbero invece luogo in Ungheria, dove Budapest, che venne completamente accerchiata la notte di Natale del 1944, si trasformò in una seconda Stalingrado.

La situazione nell'Europa sudorientale costrinse le truppe tedesche stanziate nei Balcani a ritirarsi, a partire dal mese di settembre, dalla Grecia, dall'Albania e dal Montenegro (una ritirata, punteggiata di combattimenti, di oltre 1.500 km) prima sulla linea del fiume Drina (Jugoslavia centrale) e poi sull'ex confine croato-tedesco, dove rimasero attestate fino all'aprile del 1945.

Nel settore settentrionale del fronte orientale, il gruppo di armate Nord (dal 25 gennaio 1945 gruppo di armate Curlandia) riuscì a sganciarsi e a trincerarsi nell'attuale Kurzeme (Curlandia) dall'ottobre del 1944 fino alla fine della guerra. Alla metà di ottobre del 1944 gli uomini dell'Armata rossa si impadronirono di Nemmersdorf, un piccolo borgo della Prussia orientale a sud di Gumbinnen, dove si resero responsabili di terribili atrocità ai danni della popolazione civile, in particolare donne e ragazze: un episodio emblematico del calvario cui andarono incontro milioni di tedeschi dell'est e dei Sudeti, ma tutto questo non fu certo frutto del caso.

3. *La conclusione della guerra in Europa*

All'inizio del 1945 il fronte orientale distava ancora da quello che era stato il confine del Reich nel 1937 (con l'eccezione della Prussia) dai 180 ai 350 km. Correva lungo il Nemunas fino a Schmalleningken (Smalininkai), passava a est di Insterburg (Černjahovsk) verso Lomza, toccava con il Narew Varsavia e accompagnava la Vistola fino a Deblin; da lì proseguiva in direzione di Košice, seguiva il confine ungherese-slovacco verso Šahy, si estendeva, via Gran, Budapest e il lago Balaton, fino a Legrad sulla Drava, e da lì continuava per Bačka Palanka, si avvicinava poi a Čačak, attraversava la Jugoslavia nella zona antistante la linea sulla Drina fino a Mostar e terminava a Zara.

Muovendo dalla testa di ponte di Baranov-Sandomierz, sulla Vistola a nordest di Cracovia, il 12 gennaio l'Armata rossa scatenò tra il Nemunas e la Drava una grande e, nelle intenzioni, decisiva offensiva, alla quale presero parte ben 8 Fronti (il 1° del Baltico, i quattro dell'Ucraina e i 3 della Bielorussia). Le stremate divisioni della Wehrmacht non erano in grado di opporre una valida resistenza, ma nonostante questo l'evacuazione dalla Prussia orientale e dai porti del golfo di Danzica ebbe inizio solo il 23 gennaio del 1945.

Per milioni di tedeschi, la fase finale della guerra in Europa, a cui gli alleati presero parte con le offensive che scatenarono l'8 febbraio a est di Nijmegen e il 23 lungo il fiume Rur, e nel corso delle quali ebbero luogo terribili bombardamenti aerei difficilmente giustificabili sul piano strettamente militare, fu la più catastrofica di tutta la seconda guerra mondiale. Nello stesso tempo, però, proprio quel che avvenne allora, e in particolare i combattimenti assolutamente insensati e autodistruttivi che si svolsero in territorio tedesco, provano come meglio non si potrebbe la totale mancanza di responsabilità dei vertici e della giurisdizione militari, prigionieri di una perversa forma di lealtà nei confronti di un criminale capo di stato.

Il drammatico epilogo può essere riassunto in poche, scarne battute: il 12 aprile, del tutto inaspettatamente, morì il presidente Roosevelt. Gli successe Harry S. Truman, che riguardo a Stalin aveva un'opinione più spassionata. Il 15 aprile Hitler reagì alla notizia con un appello dai toni esaltati ai «soldati del fronte orientale tedesco», in cui tra l'altro diceva:

Nel momento in cui il destino toglie dalla faccia della terra il più grande criminale di guerra di tutti i tempi, questo conflitto si avvicina ad una svolta decisiva.

E ancora: «Berlino rimane tedesca, Vienna tornerà ad essere tedesca e l'Europa non sarà mai russa». Membri del più stretto entourage del Führer non vollero escludere che Hitler fosse veramente convinto di quel che diceva, ma la realtà, in ogni caso, era molto diversa. Unità dell'esercito americano e dell'Armata rossa si incontrarono a Torgau, sull'Elba, il 25 aprile, e lo stesso giorno le armate sovietiche completarono l'accerchiamento di Berlino, che capitolò il 2 maggio. Solo due giorni prima, il 30 aprile, Hitler, dopo aver designato come suo successore il grandammiraglio Dönitz, si era tolto la vita nel bunker della cancelleria. La «capitolazione *militare*» senza condizioni venne firmata dal generale Jodl, «su incarico» dell'alto comando della Wehrmacht, il 7 maggio nel quartier generale di Eisenhower a Reims, e lo stesso fecero il giorno 9 il feldmaresciallo generale Keitel e altri alti ufficiali presso il quartier generale sovietico a Berlino-Karlshorst.

I membri del gabinetto Dönitz vennero arrestati il 23 maggio del 1945 a Flensburg, mentre il successivo 5 giugno, con la «dichiarazione di Berlino» i quattro governatori militari assunsero il potere in Germania e nelle rispettive zone di occupazione. In tal modo, entrò in vigore l'«intesa sul controllo» che era stata sottoscritta il 14 novembre del 1944 e che regolava le competenze e i compiti del Consiglio di controllo alleato in quanto supremo organo delle principali potenze vincitrici in Germania: dopo la conferenza di Jalta (4-11 febbraio 1945) anche la Francia era entrata a far parte di questo Consiglio.

Alla conferenza di Jalta (Crimea, nome in codice «Argonaut»), che segnò il punto più alto della *Kriegspolitik* (politica di guerra) della *Grande Alliance*, Stalin confermò a Churchill e Roosevelt che tre mesi dopo la fine della guerra in Europa l'Unione Sovietica avrebbe dichiarato guerra al Giappone. In cambio un documento di cui Chang Kai-shek venne tenuto all'oscuro garantiva a Mosca territori in Asia orientale. Nel corso degli incontri vennero affrontate soprattutto le questioni sul tappeto per l'immediato dopoguerra: creazione delle Nazioni Unite (per mezzo della conferenza costituente di San Francisco dal 25 maggio al 26 giugno 1945), questione delle riparazioni, distruzione del «nazismo e del militarismo», futuro dell'industria degli armamenti, processi ai criminali di guerra e assetto politico dell'Europa sud e centrorientale. Riguardo alla Polonia, gli alleati fissarono un confine orientale che, per compensare la perdita dei territori già polacchi rivendicati da Mosca, comportava uno spostamento verso ovest del baricentro del paese. L'intesa, in altre parole, venne raggiunta a scapito del Reich tedesco. Chiare divergenze di opinioni emersero in ordine agli sviluppi interni alla Polonia, in tutta evidenza pesantemente influenzati da Mosca.

Per il resto, l'andamento della conferenza lasciò intravedere un futuro caratterizzato da un ordine mondiale all'insegna del bipolarismo e della conflittualità. Ciò nondimeno, tutti i partecipanti non nascosero per il momento la loro soddisfazione per i risultati che ne erano scaturiti; per il plenipotenziario Harry Hopkins, ad esempio, la politica di *appeasement* di Roosevelt aveva dato i suoi frutti.

Dunque, la successiva conferenza di Potsdam, che si tenne dal 17 luglio al 2 agosto 1945, chiamata in codice «Terminal», si aprì all'insegna di grandi speranze. All'inizio vi presero parte Stalin, Truman e Churchill, ma dopo qualche giorno, il 26, il premier inglese, inopinatamente sconfitto alle elezioni, dovette cedere il posto al leader laburista Clement R. Attlee, che fino ad allora era stato più volte ministro e membro del gabinetto di guerra. I principali punti in discussione a Potsdam furono la «questione tedesca» e la continuazione della guerra contro il Giappone. Per quanto riguarda la Germania furono trattati gli argomenti seguenti: zone di occupazione, mantenimento dell'unità economica, riparazioni di guerra, controllo sull'economia, smantellamenti, cessioni territoriali, trasferimenti di popolazione dalla Polonia, dall'Ungheria e dalla Cecoslovacchia, crimini di guerra, processo di denazificazione, smilitarizzazione, democratizzazione e risarcimenti. Certo, «Terminal» non si risolse in un vero e proprio fallimento, ma dopo l'ultima conferenza di guerra la base per definire una comune politica mondiale e tedesca si ridusse di parecchio.

4. *Il finale in Estremo Oriente*

Con la «dichiarazione di Potsdam» del 26 luglio americani, inglesi e cinesi si appellarono al governo giapponese affinché mettesse in atto la «capitolazione senza condizioni di tutte le sue forze armate»; si aggiungevano inoltre «condizioni» territoriali, economiche, giuridico-istituzionali o destinate ad influire sulla cultura politica giapponese tutto sommato accettabili. Ma i falchi di Tokyo si dimostrarono di tutt'altro avviso, e riuscirono a fare in modo che l'ultimatum venisse respinto nonostante lo stesso imperatore avesse infine fatto sentire la sua voce consigliando di porre termine al conflitto con la mediazione sovietica. I fautori della resistenza a oltranza, inoltre, non vollero nemmeno riconoscere la schiacciante superiorità militare della coalizione antigiapponese.

Nel giugno del 1943, quest'ultima era passata all'offensiva nel Pacifico sudoccidentale. Gli uomini di MacArthur sbarcarono sulle isole Salomone (Nuova Georgia, Rendova e, a settentrione di queste, Vella Lavella), e in tal modo circondarono e isolarono il poderoso presidio di stanza sull'isola di Kolombangara. Fu in questa occasione che gli americani sperimentarono per la prima volta la tattica del «salto delle isole», tattica che consisteva nell'aggirare e isolare, e quindi «declassare» strategicamente, capisaldi molto ben difesi mediante la conquista di basi vicine più sguarnite: un *modus operandi* che evitò molte perdite agli attaccanti, ma che alle guarnigioni di stanza sulle isole «aggirate» causò condizioni di vita catastrofiche. Nel novembre del 1943 iniziò la battaglia per la conquista di Bougainville (Salomone), dove venne costruito un aeroporto per i bombardieri pesanti destinati a tenere sotto fuoco continuo Rabaul (Nuova Britannia), la più importante base giapponese nel Pacifico meridionale: base che venne di fatto neutralizzata dopo la liberazione delle isole dell'Ammiragliato nel maggio del 1944.

Una seconda, grande offensiva scatenata nel novembre

del 1943 nel Pacifico centrale, che rientrava nel settore operativo affidato all'ammiraglio Nimitz, portò alla liberazione, il 23, di Tarawa (isole Gilbert) e spalancò la strada verso le Marshall. Nel gennaio del 1944 gli americani si impadronirono delle basi di Kwajalein, Majuro, Roi e Namur, e alla metà di febbraio della base di Eniwetok (500 km a nordovest). Entro la fine di aprile venne distrutta la più importante base giapponese nel Pacifico centrale, l'atollo di Truk (isole Caroline). Contemporaneamente, i sottomarini americani cominciarono ad infliggere colpi sempre più duri alla marina mercantile giapponese. (Vale la pena notare, al riguardo, che non furono tanto i bombardamenti strategici quanto piuttosto il blocco che la marina e l'aviazione degli Stati Uniti d'America imposero al territorio metropolitano giapponese a provocare la progressiva paralisi dell'industria bellica dell'impero del Sol Levante).

Se si considera la terraferma cinese, dove, dopo Pearl Harbor, la guerra cino-giapponese divenne parte di quella mondiale, appare chiaro che Tokyo riuscì a tenere saldamente sotto il suo controllo fino all'aprile del 1944 un territorio che comprendeva la Mongolia interna a nord della Grande Muraglia presso Datong-Pechino, si estendeva per 1.300 km verso sud, grosso modo fino alla linea Changde-Wenzhou, e a partire dalla costa orientale si spingeva verso l'interno per un minimo di 400 e un massimo di mille km.

Mentre gli alleati attraversavano il Pacifico e si avvicinavano combattendo al territorio metropolitano giapponese, lontano, 5 mila km, con l'intenzione di invaderlo, cosa ritenuta inevitabile fino al luglio del 1945, Tokyo cercò di contrastarne i piani invadendo a sua volta l'India orientale (febbraio 1944): ma l'operazione, che partì dalla Birmania e alla quale partecipò anche l'«armata nazionale» indiana di Subhas Chandra Bose, si risolse nella più grave disfatta mai subita dalle armi giapponesi.

Fu invece coronata dal successo l'ultima grande offensiva giapponese (nome in codice «Ichi-Go»), che ebbe inizio nell'aprile del 1944. L'esercito imperiale creò un collegamento via terra con l'Indocina, distante 850 km, e occupò ampie zone della Cina centrale e meridionale sottraendola in buona parte al controllo di Chiang Kai-shek; annientò di fatto l'esercito nazionalista, tenne sotto controllo, direttamente o con l'ausilio di forti teste di ponte, la costa cinese e si impadronì di tutte le basi di cui l'aviazione americana si serviva per bombardare il Giappone (dal novembre del 1944 i bombardamenti sul territorio metropolitano giapponese vennero effettuati partendo dalle basi di Guam e Saipan). Sul piano militare, in altre parole, nella primavera del 1945 l'importanza della Cina era dovuta essenzialmente al fatto che essa teneva comunque impegnato sul suo territorio un milione di soldati giapponesi.

Nel frattempo la doppia offensiva nel Pacifico degli americani aveva raggiunto le isole Marianne – ed entro l'11 agosto furono liberate Guam (che era già americana), Saipan (sotto mandato giapponese) e Tinian. In quest'occasione si ebbe la battaglia aeronavale nel mare delle Filippine, dall'esito davvero disastroso per la marina imperiale. La linea difensiva del Giappone andava ora dalle Filippine alle isole Curili passando per Taiwan, le isole Ryukyu e il territorio metropolitano. Nel mese di luglio truppe australiane e americane rioccuparono la Nuova Guinea, anche se i resti della 18ª armata giapponese non deposero le armi e continuarono a lungo una lotta senza speranza. Nel mese di settembre lo sbarco sull'isola di Peleliu (gruppo delle Palau) fu seguito da sanguinosi combattimenti che si protrassero per settimane. L'isola corallina doveva proteggere il fianco destro di MacArthur al momento della liberazione delle Filippine, liberazione che in effetti ebbe inizio il 20 ottobre con lo sbarco della 6ª armata americana sull'isola di Leyte. Gli uomini del generale erano ancora alle prese con l'allargamento e il consolidamento della testa di ponte allorché americani e giapponesi si affrontarono nel golfo di Leyte nella più grande battaglia navale di tutti i tempi (22-25 ottobre 1944). Gli ammiragli del Tenno giocarono il tutto per tutto, e persero. Dopo Leyte la strada verso la riconquista delle Filippine, dove comunque i combattimenti continuarono fino al giugno del 1945, poteva dirsi ormai spianata.

Il 19 febbraio del 1945 gli americani sbarcarono sull'isola di Iwo Jima (1.045 km a sud di Tokyo), la cui occupazione, peraltro non strettamente necessaria, richiese 36 giorni di sanguinosissimi combattimenti. La chiave di volta strategica delle offensive alleate nel Pacifico fu costituita dall'occupazione dell'isola di Okinawa, situata a soli 550 km da Kyushu, la più meridionale delle isole principali giapponesi. La conquista di Okinawa era considerata indispensabile in vista dell'invasione del Giappone che restava sempre nei piani, e così il 1° aprile del 1945 l'isola venne presa d'assalto da quattro divisioni americane appoggiate da più di 1.200 navi da guerra. I sanguinosi combattimenti che ne seguirono tra 180 mila americani e 110 mila giapponesi, che disponevano di eccellenti postazioni difensive, ebbero termine solo il 21 giugno. Per difendere Okinawa i giapponesi fecero un largo uso di quella che era diventata l'arma più temibile a loro disposizione: i kamikaze (letteralmente: «vento divino»). A Okinawa i piloti suicidi effettuarono circa 2 mila missioni, e la flotta d'invasione americana patì le perdite più gravi dall'inizio della guerra. I caduti americani furono 12.500 (37 mila i feriti), mentre tra i difensori i sopravvissuti furono solo 7.400. Così come già a Saipan, dove l'anno precedente migliaia di civili, a dire il vero non sempre spontaneamente, preferirono uccidersi insieme alle loro famiglie piuttosto che capitolare, anche ad Okinawa gli ufficiali indussero la popolazione a preferire spesso la morte alla resa. Con il risultato che sull'isola morirono nel corso dei combattimenti, per mano dei militari giapponesi, di amici e parenti, o perché si tolsero esse stesse la vita, non meno di 150 mila persone.

Dopo Okinawa gli alleati guardarono con preoccupazione allo sbarco sulle isole principali giapponesi. Si cominciò a temere che i militari radicali al potere – guidati dal ministro della Guerra, generale Korechika Anami, dal capo di stato maggiore, generale Hoshijiro Umezu, e dal capo di stato maggiore della marina, ammiraglio Soemu Toyoda – potessero spingere la popolazione a preferire alla capitolazione una sorta di suicidio collettivo. Sulla base delle esperienze fatte fino ad allora, americani ed inglesi calcolarono che solo la conquista di Kyushu sarebbe costata non meno di 250 mila tra morti e feriti. In quanto alla conquista dell'intero territorio metropolitano, questa cifra sarebbe eventualmente potuta crescere, nella peggiore delle ipotesi, fino a 1.500.000.

Questa era la situazione quando, il 17 luglio, nel corso

della conferenza di Potsdam, Truman venne informato che gli Stati Uniti disponevano della bomba atomica. Nelle sue memorie Churchill ha lasciato scritto che lui e il presidente americano non discussero minimamente se fosse o meno il caso di impiegare l'arma atomica, poiché essa parve loro un vero miracolo di sollievo, e liberò entrambi dall'incubo dell'invasione. Ma, come si è visto, l'ultimatum del 26 luglio venne respinto dai giapponesi, probabilmente nella convinzione che le potenze occidentali non fossero pronte a pagare l'alto prezzo di sangue che l'invasione avrebbe richiesto e fossero quindi disposte ad accettare una pace di compromesso. I falchi di Tokyo corsero il rischio, anche se in una sola notte, tra il 9 e il 10 marzo del 1945, un attacco aereo notturno con bombe incendiarie aveva provocato nella stessa capitale la morte di 100 mila persone. In sostanza essi continuarono a ignorare le conseguenze dell'offensiva aerea strategica, cominciata il 15 giugno del 1944, benché a partire da quella data e fino all'agosto del 1945 superbombardieri del tipo B 29 avessero sganciato 169.700 tonnellate di bombe, riducendo in cenere alla fine di luglio quasi tutte le città e i centri maggiori, distruggendo o paralizzando l'economia, l'apparato produttivo, le vie di comunicazione e il sistema informativo.

Truman, d'altro canto, non aveva scelta: disponendo della bomba e sapendo che il popolo americano desiderava una rapida conclusione della guerra, non poteva fare altro che impiegare la nuova arma per costringere il Giappone alla resa. Così Hiroshima il 6 agosto e Nagasaki il 9 furono le prime città a subirne gli effetti: 212.545 morti e 154 mila feriti. Un terribile doppio colpo, i cui effetti vennero ulteriormente ingigantiti dal fatto che l'8 agosto l'Unione Sovietica dichiarò guerra al Giappone e il giorno successivo scatenò, con tre gruppi di armate, una grande offensiva contro le forze assolutamente inferiori dell'armata del Kwantung. Di conseguenza, il 10 agosto il Giappone rese nota la propria disponibilità ad accettare la «dichiarazione di Potsdam». Ma i militari radicali, che avrebbero voluto continuare la lotta fino all'ultimo, cercarono di ostacolare in tutti i modi tale esito, progettando persino il colpo di stato. Il Giappone, che controllava ancora vasti territori in Cina, nell'Asia sudorientale e in Indonesia, cosa che probabilmente contribuì a offuscare in molti il senso della realtà, attraversò una gravissima crisi. Tuttavia, dopo che il 14 agosto il Tenno ebbe gettato ancora una volta tutta la sua autorità sul piatto della bilancia in favore del partito della pace, il paese si dichiarò pronto ad accettare e a soddisfare le condizioni contenute nella «dichiarazione di Potsdam». Così il 2 settembre del 1945, a bordo della corazzata *Missouri* all'ancora nella rada di Tokyo, la delegazione giapponese e quelle alleate firmarono l'atto di capitolazione dell'impero del Sol Levante.

CONCLUSIONI

L'EREDITÀ DELLA SECONDA GUERRA MONDIALE

Quando le armi tacquero, ebbe termine un «conflitto tra sistemi» su scala planetaria che non solo in Europa, ma anche in Asia, assunse il carattere dello sterminio di massa e nel corso del quale ben 110 milioni di uomini indossarono la divisa. Più di 60 milioni di persone persero la vita a causa della guerra che si combatté nei vari teatri in terra, in mare e in cielo, come vittime del genocidio, nella lotta partigiana, a causa delle rappresaglie, di crimini di guerra e di quelli legati alla espulsione di intere popolazioni. Come è noto, le relative cifre non sono del tutto attendibili e sono spesso contraddittorie; quel che è certo, in ogni caso, è che i paesi che ebbero il maggior numero di vittime furono l'Unione Sovietica (25 milioni), la Cina (15 milioni), la Germania (7 milioni), la Polonia (6 milioni) e il Giappone (2 milioni e mezzo). A ciò si aggiunga che, in Europa come in Asia, ebbero luogo spostamenti di popolazioni, vuoi sotto forma di esodo di profughi in fuga dalla guerra vuoi sotto forma di trasferimenti forzati, che coinvolsero diversi milioni di persone. Non va dimenticata, inoltre, la sorte delle donne e degli uomini che vennero impiegati come lavoratori forzati, e che furono non meno di 7,8 milioni nel Terzo Reich e 2,1 milioni in Giappone.

A tutto questo, va da sé, occorre ancora aggiungere i danni materiali, che furono enormi in Europa orientale, in Cina e, per quanto riguarda in particolare le città e le vie di comunicazione, in Germania e in Giappone. Nell'Unione Sovietica, ad esempio, vennero distrutti 70 mila centri abitati e 1.710 città, in tutto 6 milioni di edifici; in Germania gli edifici distrutti furono 1.630.000 (con 5 milioni di abitazioni), mentre in Giappone il numero delle abitazioni distrutte si avvicinò ai 4 milioni (3.700.000). Le valutazioni relative al complesso delle distruzioni materiali subite variano sensibilmente, e lo stesso può dirsi riguardo alle perdite che le varie economie nazionali patirono come conseguenza della guerra.

D'altra parte tra le cose che la seconda guerra mondiale ci ha lasciato in eredità si annoverano anche molte scoperte tecniche e scientifiche. Gli USA hanno costruito la bomba atomica e hanno spianato la strada allo sfruttamento dell'energia atomica, ma anche ai molti problemi che ne sono derivati. Senza contare, è ovvio, la sua importanza sul piano militare, l'aereo a reazione entrato in scena sul finire del conflitto ha rivoluzionato il traffico commerciale civile; e sempre nel corso della guerra sono state poste le basi per lo sviluppo dell'astronautica. E l'elenco può continuare con il radar, la tecnologia del computer, l'informatica, le tecniche per la produzione di massa, le nuove medicine e le nuove tecniche mediche.

Tra le fondamentali implicazioni della guerra vanno annoverati anche fenomeni sociali ed etici, che certo non hanno avuto lo stesso rilievo in e per tutti i paesi. Si pensi, in particolare, allo sterminio degli ebrei europei e alla «questione della [relativa] colpa», che andrebbe affrontata sotto il profilo criminale, politico, morale e metafisico. E ancora: il programma di eutanasia dei nazisti, i crimini di guerra in Asia e in Europa e la loro insoddisfacente punizione in Germania, Italia e Giappone; il trattamento riservato ai prigionieri di guerra (il 27% dei prigionieri angloamericani morì nei campi di prigionia giapponesi, il 58% dei sovietici in quelli tedeschi e il 12% dei tedeschi in quelli sovietici); la questione dei collaborazionisti nei vari paesi occupati; le conseguenze delle guerre civili in Grecia e Italia; le conseguenze sociali dei bombardamenti, dei «trasferimenti» e della rovina; l'allargamento del processo di democratizzazione; gli sforzi per introdurre su vasta scala, in un mondo divenuto più aperto, il principio della uguaglianza delle opportunità; il tentativo di abbattere la società divisa in classi; e, infine, l'emancipazione delle donne. Il loro impiego, dell'ordine di milioni, come lavoratrici in tutti i settori dell'economia, come forze militari ausiliarie, come aiutanti nelle postazioni antiaeree e come personale sanitario, ma anche come soldatesse e partigiane, ha prodotto effetti che hanno rimesso radicalmente in discussione la tradizionale immagine della donna e la stessa idea che essa aveva avuto di sé fino all'inizio della guerra.

La seconda «grande guerra» ha cambiato l'assetto politico mondiale. Il sistema internazionale uscito dalla guerra è durato – politicamente, come «nuovo ordine» bipolare di un mondo ideologicamente diviso, e militarmente, come equilibrio del terrore nel corso della cosiddetta «guerra fredda» – all'incirca 50 anni. Nel frattempo l'Europa è sì rimasta al centro degli eventi, ma i suoi paesi, da soggetti della politica mondiale, ne sono diventati oggetti. Cosa che è apparsa particolarmente evidente nel caso della Germania, ex grande potenza, la cui disfatta è stata così completa e definitiva che non volerne prendere atto sulla falsariga di quanto era avvenuto nel 1918 è risultato semplicemente impossibile: e questo ne ha facilitato l'inserimento nella comunità degli stati democratici. Lo stesso può dirsi per il Giappone, che con la firma del trattato di pace di San Francisco (8 settembre 1951), peraltro non sottoscritto dalla Cina e dall'Unione Sovietica, non ha perso solo il suo impero coloniale, ma anche il suo status di grande potenza.

Dalla parte dei vincitori il radicale cambiamento politico postbellico si è espresso in particolare sul terreno della cosiddetta «decolonizzazione», che insieme alla fondazione delle Nazioni Unite e all'evoluzione del diritto internazionale rientra a pieno titolo tra le più importanti conseguenze storiche della seconda guerra mondiale. Gli Stati Uniti concessero l'indipendenza alle Filippine già il 4 luglio del 1946, e l'anno successivo, sottoscrivendo insieme alla Finlandia, all'Ungheria, alla Romania e alla Bulgaria il trattato di pace di Parigi (10 febbraio 1947), anche l'Italia rinunciò definitivamente alle sue colonie. Negli anni seguenti il processo di decolonizzazione ha portato alla rapida dissoluzione degli imperi coloniali di Belgio, Francia, Gran Bretagna, Olanda, Portogallo e Spagna, anche se, va detto, in quanto movimento di emancipazione dei popoli sottomessi dell'Asia, del Vicino Oriente e dell'Africa esso si è sviluppato in modo non omogeneo. È comunque fuori discussione l'importanza storica del profondo cambiamento che ha reso possibile la nascita di molti stati sovrani e nel cui andamento si è in un certo modo rispecchiato, con altri protagonisti, il dramma della storia europea relativamente a questioni come lo stato nazionale, la dittatura, la democratizzazione e l'industrializzazione.

All'eredità della seconda guerra mondiale appartiene anche la progressiva creazione da parte degli stati europei di strutture comunitarie integrate, il che dimostra come l'Europa venga sempre più percepita come progetto democratico in grado di stabilizzare la pace. A distanza di molti anni, ormai, dalla fine della guerra, l'Europa – oggi Unione Europea – ha le carte in regola per diventare una potenza mondiale autonoma e un allettante polo di attrazione sul piano politico.

Sul terreno della «grande politica» sembra ormai definitivamente tramontata l'epoca delle guerre mondiali, e la divisione del mondo in due campi contrapposti è stata definitivamente superata con le firme che il 12 settembre del 1990 sono state apposte al «Trattato per la definitiva sistemazione della Germania», trattato che, tra l'altro, ha anche fissato i confini del paese riunificato. Non c'è più alcuna «cortina di ferro», in altre parole, a dividere i popoli. D'altro canto la seconda guerra mondiale fa ancora sentire la sua presenza e il suo peso in diversi ambiti della vita, e c'è ragione di credere che le cose, con ogni probabilità, non cambieranno molto neanche nel prossimo futuro: troppi sono ancora i problemi irrisolti, e troppe le ferite che essa ha provocato e che ancora attendono (nonostante i processi già svoltisi contro criminali e crimini di guerra) una soddisfacente risposta sul piano giudiziario.

POSTFAZIONE

La stessa miseria che vi conduce adesso, con gli occhi incavati, tra le rovine, l'avete causata voi stessi, a cuore gelido, agli altri popoli europei, e non avete nemmeno guardato indietro, per vedere lo strazio che fu opera vostra.

Queste osservazioni dello scrittore austriaco Franz Werfel, datate maggio 1945, sono tuttora giuste: possiamo dire che storicamente, politicamente e psicologicamente la seconda «grande guerra», che vide la partecipazione di 58 stati, è una questione ancora aperta. È necessario interpretare criticamente, in una prospettiva globale, l'epoca delle guerre mondiali per comprendere l'accaduto nel contesto internazionale e per tenerne a mente la lezione.

A ciò vorrebbe contribuire questa piccola storia della seconda guerra mondiale. Per le sue caratteristiche editoriali, il testo è molto concentrato, e si è inoltre dovuto rinunciare all'apparato scientifico: l'auspicio è che, nonostante ciò, il volume possa far capire a tutti i lettori interessati le vicende del conflitto e renderne chiara la complessa natura.

Concludendo, ringrazio sentitamente Jürgen Förster, Friedrich Haber, Wolfgang Michalka, Walter Schwengler e Renato Weinberger per la scrupolosa lettura del dattiloscritto.

CARTE

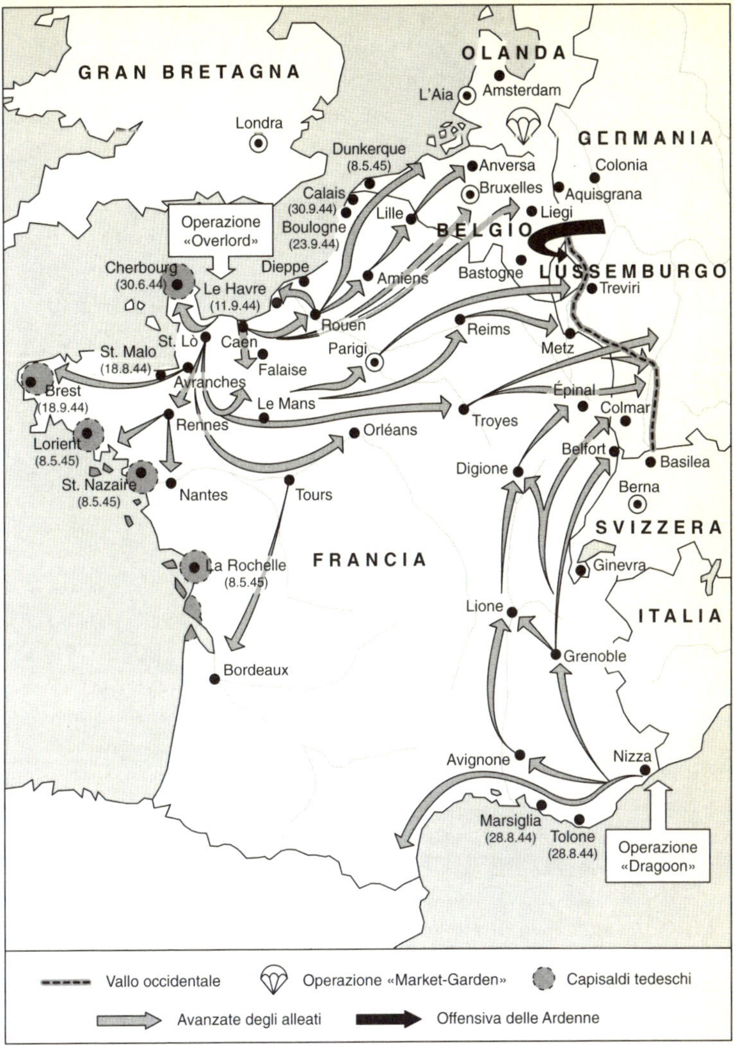

1. Gli sbarchi degli alleati in Francia nel 1944.

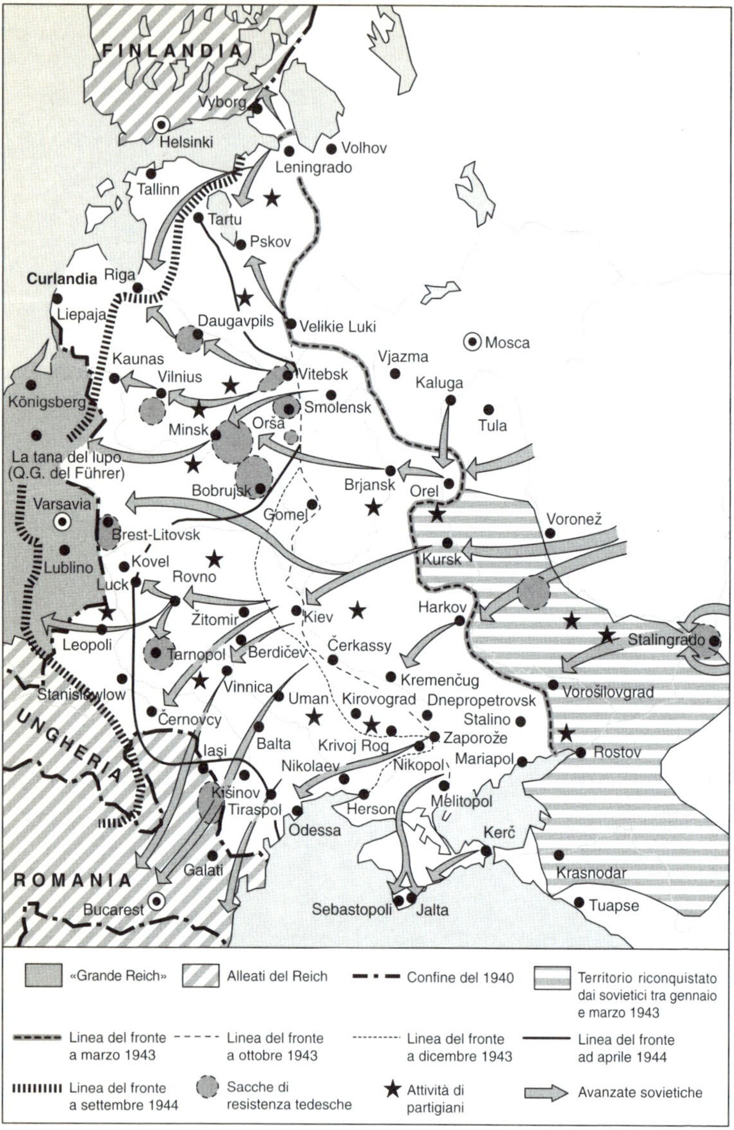

2. La guerra all'est, 1943-44.

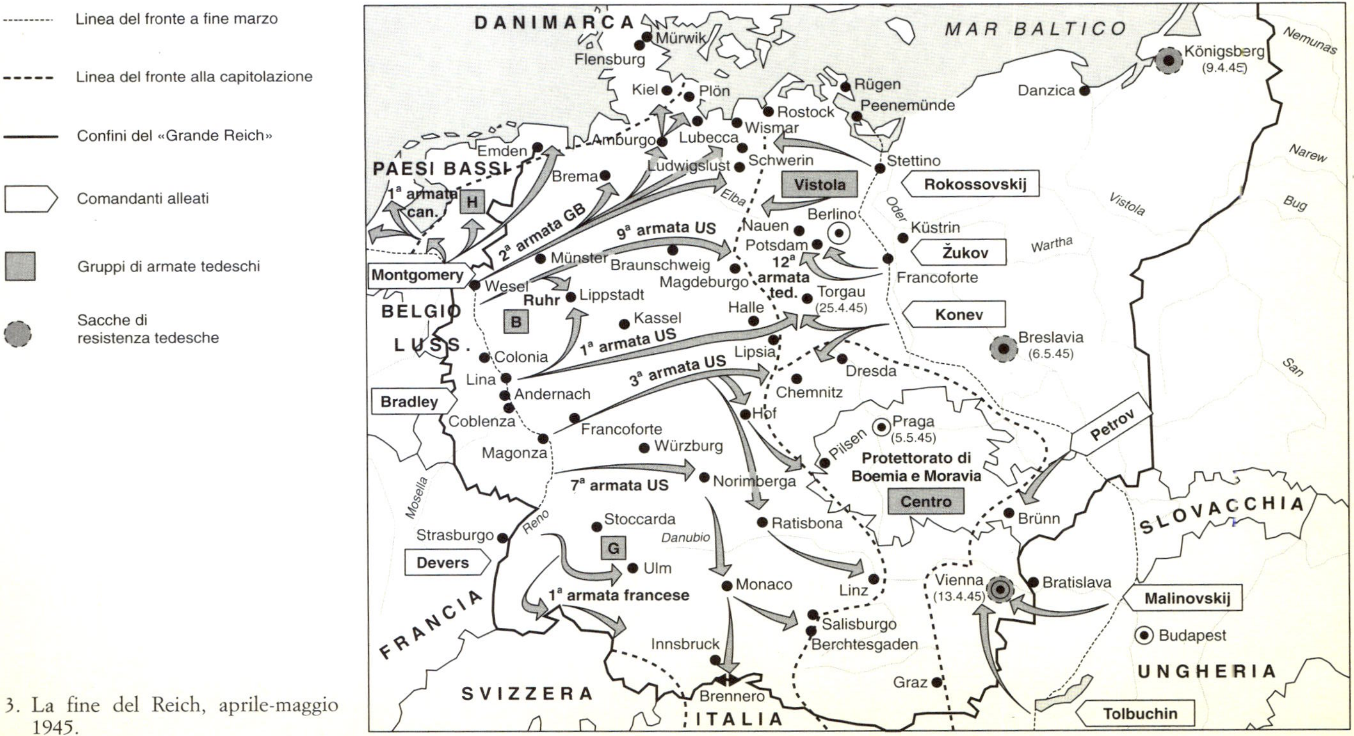

3. La fine del Reich, aprile-maggio 1945.

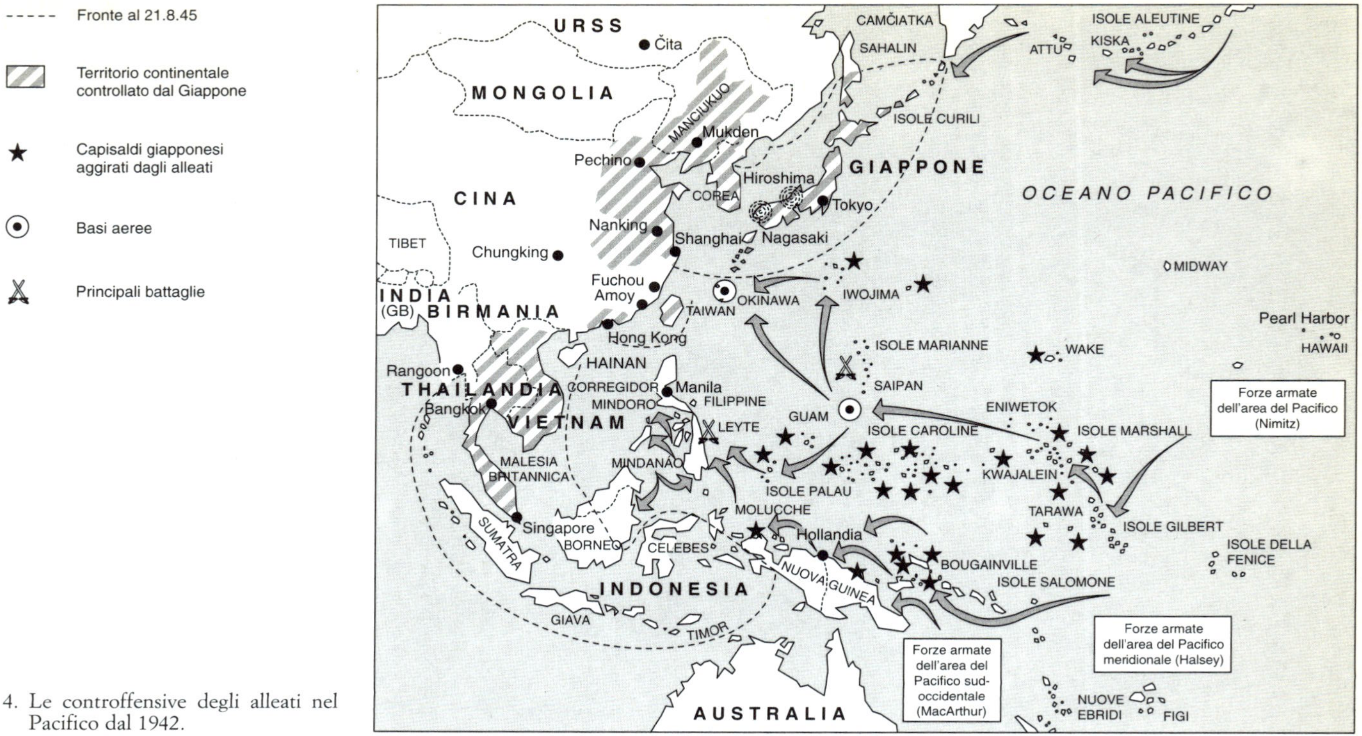

4. Le controffensive degli alleati nel Pacifico dal 1942.

LETTURE CONSIGLIATE

LETTURE CONSIGLIATE

Il numero dei libri sulla seconda guerra mondiale è elevatissimo: qui di seguito si trova pertanto una selezione di pochissimi titoli in lingua italiana o inglese che possono permettere al lettore interessato l'approfondimento dei singoli temi trattati nel volume.

Aga Rossi, Elena, *Una nazione allo sbando. L'armistizio italiano del settembre 1943*, Bologna, Il Mulino, 1993.

Bocca, Giorgio, *Storia dell'Italia partigiana, settembre 1943-maggio 1945*, Roma-Bari, Laterza, 1977[4].

Bullock, Alan, *Hitler and Stalin. Parallel Lives*, London, Harper Collins Publishers, 1991.

Carver, Michael, *The War in Italy 1943-1945. The Campaign that Tipped the Balance in Europe*, London, Sidgwick and Jackson, 2001.

Dallek, Robert, *Franklin D. Roosevelt and American Foreign Policy 1932-1945*, New York, Oxford University Press, 1979.

Deakin, Frederick William Dampier, *Storia della repubblica di Salò*, trad. it. di Renzo De Felice, Francesco Golzio e Ornella Francisi, Torino, Einaudi, 1963.

De Felice, Renzo, *Mussolini l'alleato*. I: *L'Italia in guerra 1940-1943*, vol. 1, *Dalla guerra «breve» alla guerra lunga*; vol. 2, *Crisi e agonia del regime*. II: *La guerra civile 1943-1945*, Torino, Einaudi, 1990 e 1997.

Dower, John W., *War without Mercy. Race and Power in the Pacific War*, New York, Pantheon Books, 1986.

Ellwood, David, *L'alleato nemico. La politica dell'occupazione anglo-americana in Italia 1943-1946*, trad. it. Milano, Feltrinelli, 1977.

The Fateful Choice. Japan's Advance into Southeast Asia 1939-1941, a cura di James William Morley, New York, Columbia University Press, 1980.

Germany and the Second World War, a cura del Militärgeschichtliches Forschungsamt, Freiburg i.B. [dal 1994 in poi Potsdam], vol. I: *The Build-up of German Aggression*, contributi di Wilhelm Deist, Manfred Messerschmidt, Hans-Erich Volkmann e Wolfram Wette; vol. II: *Germany's Initial Conquests in Europe*, contributi di Klaus A. Maier, Horst Rohde, Bernd Stegemann e Hans Umbreit; vol. III: *The Mediterranean, South-east Europe, and North Africa 1939-1941*, contributi di Gerhard Schreiber, Bernd Stegemann e Detlef Vogel; vol. IV: *The Attack on the Soviet Union*, contributi di Horst Boog, Jürgen Förster, Joachim Hoffmann, Ernst Klink, Rolf-Dieter Müller e Gerd R. Ueberschär; vol. V: *Organization and Mobilization of the German Sphere of Power*, parte I, *Wartime administration, economy, and manpower resources 1939-1941*, contributi di Bernhard R. Kroener, Rolf-Dieter Müller e Hans Umbreit; vol. VI: *The Global War. Widening of the Conflict into a World War and the Shift of the Initiative 1941-1943*, contributi di Horst Boog, Werner Rahn, Reinhard Stumpf e Bernd Wegner, Oxford, Clarendon Press, 1990-2001 [l'opera completa comprenderà 10 volumi].

Gli italiani sul fronte russo, pref. di Guido Quazza, a cura di Piermario Bologna e Michele Calandri, Bari, De Donato, 1982.

Gorodetsky, Gabriel, *Grand Delusion. Stalin and the German Invasion of Russia*, New Haven (Conn.)-London, Yale University Press, 1999.

Grand Strategy, vol. II: *September 1939-June 1941*, a cura di James Ramsay Montagu Butler; vol. III: *June 1941-August 1942*, parte I a cura di J.M.A. Gwyer, parte II a cura di J.R.M. Butler; vol. IV: *August 1942-September 1943*, a cura di Michael Howard; vol. V: *August 1943-September 1944*, a cura di John Ehrman; vol. VI: *October 1944-August 1945*, a cura di J. Ehrman, London, Her Majesty's Stationery Office, 1956-1972.

Guerra, Guerra di liberazione, Guerra civile, a cura di Massimo Legnani e Ferruccio Vendramini, introd. di Guido Quazza, Milano, Franco Angeli, 1990.

Hilberg, Raul, *Carnefici, vittime, spettatori. La persecuzione degli ebrei 1933-1945*, trad. it. Milano, Mondadori, 1997.

Hildebrand, Klaus, *Il Terzo Reich*, trad. it. Roma-Bari, Laterza, 1989.

Hillgruber, Andreas, *Il duplice tramonto. La frantumazione dell'Impero tedesco e la fine dell'ebraismo europeo*, pref. di

Ernesto Galli Della Loggia, trad. it. Bologna, Il Mulino, 1990.
— *La strategia militare di Hitler*, trad. it. Milano, Rizzoli, 1986.
Hillgruber, Andreas e Gerhard Hümmelchen, *Cronaca della seconda guerra mondiale*, trad. it. Milano, Baldini e Castoldi, 1968.
Hinsley, Francis Harry, *British Intelligence in the Second World War. Its Influence on Strategy and Operations*, 4 voll., London, Her Majesty's Stationery Office, 1979-1988.
Italia 1939-1945. Storia e memoria, a cura di Anna Lisa Carlotti, pref. di Franco della Peruta, Milano, Vita e Pensiero, 1996.
Kershaw, Ian, *Hitler*, vol. I: *1989-1936*; vol. II: *1936-1945*, trad. it. Milano, Bompiani, 1999-2001.
Klinkhammer, Lutz, *L'occupazione tedesca in Italia 1943-1945*, trad. it. Torino, Bollati Boringhieri, 1993.
La guerra sul Sangro. Eserciti e popolazione in Abruzzo 1943-1944, a cura di Costantino Felice, Milano, Franco Angeli, 1994.
Linea Gotica 1944. Eserciti, popolazioni, partigiani, a cura di Giorgio Rochat, Enzo Santarelli e Paolo Sorcinelli, Milano, Franco Angeli, 1986.
L'Italia in guerra. Cinquant'anni dopo l'entrata dell'Italia nella 2ª guerra mondiale. Aspetti e problemi, 6 voll., a cura di Romain H. Rainero *et al.*, Roma, Commissione Italiana di Storia Militare, 1991-1996.
L'Italia nella seconda guerra mondiale e nella Resistenza, a cura di Francesca Ferratini Tosi, Gaetano Grassi e Massimo Legnani, Milano, Franco Angeli, 1988.
Lepre, Aurelio, *La storia della Repubblica di Mussolini. Salò: il tempo dell'odio e della violenza*, Milano, Mondadori, 1999.
Lewin, Ronald, *The American Magic: Codes, Ciphers and the Defeat of Japan*, New York, Farrar Straus and Giroux, 1982.
L'occupazione nazista in Europa, a cura di Enzo Collotti, Roma, Editori Riuniti, 1964.
Mack Smith, Denis, *Mussolini*, trad. it. Milano, Rizzoli, 1983.
The Mediterranean and Middle East, vol. I: *The Early Successes against Italy (to May 1941)*, a cura di Ian Stanley Ord Playfair; vol. II: *The Germans come to the Help on their Ally (1941)*, a cura di I.S.O. Playfair; vol. III: *British Fortunes reach their Lowest Ebb*, a cura di I.S.O. Playfair; vol. IV: *The Destruction of the Axis Forces in Africa*, a cura di I.S.O. Playfair; vol. V: *The Campaign in Sicily 1943 and the Campaign in Italy 3rd September 1943 to 31st March*

1944, a cura di Chartres James Chatterton Molony; vol. VI: *Victory in the Mediterranean*, parte I, *1st April to 4th June 1944*, a cura di C.J.C. Molony; parte II, *June to October 1944*, e parte III, *November 1944 to May 1945*, a cura di William Jackson, London, Her Majesty's Stationery Office, 1954-1988.

Murray, Williamson e Allan R. Millett, *A War to be won. Fighting the Second World War*, Cambridge (Mass.)-London, The Belknap Press of Harvard University Press, 2000.

Overy, Richard, *La strada della vittoria. Perché gli alleati hanno vinto la seconda guerra mondiale*, trad. it. Bologna, Il Mulino, 2002.

The Oxford Companion to the Second World War, a cura di Ian C.B. Dear e Michael R.D. Foot, Oxford-New York, Oxford University Press, 1995.

Pelz, Stephen E., *Race to Pearl Harbor. The Failure of the Second London Naval Conference and the Onset of World War II*, Cambridge (Mass.), Harvard University Press, 1974.

Prange, Gordon W., *At Dawn we Slept. The Untold Story of Pearl Harbor*, in collaborazione con Donald M. Goldstein e Katherine V. Dillon, New York-St. Louis-San Francisco-Toronto-Hamburg-Mexico-London, McGraw-Hill, 1981.

Rich, Norman, *Hitler's War Aimes*. I: *Ideology. The Nazi State and the Course of Expansion*. II: *The Establishment of the New Order*, London, Andre Deutsch, 1974.

Santoni, Alberto, *Il vero traditore. Il ruolo documentato di ULTRA nella guerra nel Mediterraneo*, Milano, Mursia, 1981.

Schreiber, Gerhard, *I militari italiani internati nei campi di concentramento del Terzo Reich 1943-1945. Traditi – Disprezzati – Dimenticati*, Roma, Ufficio Storico dell'Esercito, 1997².

— *La vendetta tedesca 1943-1945: le rappresaglie naziste in Italia*, trad. it. Milano, Mondadori, 2000.

Schulte, Theo J., *The German Army and Nazi Policies in Occupied Russia*, Oxford-New York-München, Berg Publishers Limited, 1989.

Spector, Ronald H., *Eagle against the Sun. The American War with Japan*, New York, Vintage Books, 1985.

Thorne, Christopher, *Allies of a Kind. The United States, Britain and The War Against Japan*, London, Hamish Hamilton, 1978.

Toland, John, *Infamy: Pearl Harbor and Its Aftermath*, Garden City (N.Y.), Doubleday, 1982.
Weinberg, Gerhard L., *Germany, Hitler, and World War II. Essays in Modern German and World History*, New York, Cambridge University Press, 1995.
— *A World in Arms. A Global History of World War II*, Cambridge, Cambridge University Press, 1994.
Woodward, Llewellyn, *British Foreign Policy in the Second World War*, 4 voll., London, Her Majesty's Stationery Office, 1970-1975.

INDICE DEI NOMI

INDICE DEI NOMI

Finito di stampare nel mese di aprile 2004
dalla litosei, via rossini 10, rastignano, bologna
www.litosei.com

UNIVERSALE PAPERBACKS IL MULINO

STORIA

Schrenk F., *L'alba dell'umanità*
Hrouda B., *La Mesopotamia*
Hertel D., *Troia*
Clauss M., *Israele nell'età antica*
Wiesehöfer J., *La Persia antica*
Demandt A., *I celti*
Pekáry T., *Storia economica del mondo antico*
Brizzi G., *Il guerriero, l'oplita, il legionario. Gli eserciti nel mondo classico*
Lotze D., *Storia greca. Dalle origini all'età ellenistica*
Funke P., *Atene nell'epoca classica*
Baltrusch E., *Sparta. Storia, società, cultura*
Gehrke H.-J., *Alessandro Magno*
Gschnitzer F., *Storia sociale dell'antica Grecia*
Price S., *La religione dei greci*
Prayon F., *Gli etruschi*
Bringmann K., *Storia romana. Dalle origini alla tarda antichità*
Alföldy G., *Storia sociale dell'antica Roma*
Cenerini F., *La donna romana. Modelli e realtà*
Huss W., *Cartagine*
Jehne M., *Giulio Cesare*
Christ K., *Breve storia dell'impero romano*
Eck W., *Augusto e il suo tempo*
Malitz J., *Nerone*
Gabba E., *Storia e letteratura antica*

Vincent C., *Storia dell'Occidente medievale*
Azzara C., *Le invasioni barbariche*
Azzara C., *L'Italia dei barbari*
Ducellier A. e Micheau F., *L'Islam nel Medioevo*
Becher M., *Carlo Magno*
Flori J., *Le crociate*
Brunner O., *Storia sociale dell'Europa nel Medioevo*
Flori J., *La cavalleria medievale*
Fink K.A., *Chiesa e papato nel Medioevo*
Watt M., *Cristiani e musulmani*

Burke P., *Il Rinascimento*
Reinhardt V., *Il Rinascimento in Italia*
Braudel F., *Espansione europea e capitalismo. 1450-1650*

Riese B., *I maya*
Prem H.J., *Gli aztechi*
Julien C., *Gli inca*
Rady M., *Carlo V e il suo tempo*
Palmer M.D., *Enrico VIII*
Woodward G., *Filippo II*
Monter W., *Riti, mitologia e magia in Europa all'inizio dell'età moderna*
Weisser M.R., *Criminalità e repressione nell'Europa moderna*
Labatut J.-P., *Le nobiltà europee. Dal XV al XVIII secolo*
Tenenti A., *Dalle rivolte alle rivoluzioni*
Campbell P.R., *Luigi XIV e la Francia del suo tempo*
Marshall W., *Pietro il Grande e la Russia del suo tempo*
Outram D., *L'Illuminismo*
Forrest A., *La Rivoluzione francese*
Criscuolo V., *Napoleone*

Meriggi M., *Gli stati italiani prima dell'Unità. Una storia istituzionale*
Mitchell R., *La guerra civile americana*
Betts R.F., *L'alba illusoria. L'imperialismo europeo nell'Ottocento*
Mason J.W., *Il tramonto dell'impero asburgico*
Robson S., *La prima guerra mondiale*
Overy R.J., *Crisi tra le due guerre mondiali 1919-1939*
Wood A., *La rivoluzione russa*
De Grand A.J., *L'Italia fascista e la Germania nazista*
McCauley M., *Stalin e lo stalinismo*
Browne H., *La guerra civile spagnola. 1936-1939*
Schreiber G., *La seconda guerra mondiale*
Betts R.F., *La decolonizzazione*
Smith J., *La guerra fredda. 1945-1991*
Fowkes B., *L'Europa orientale dal 1945 al 1970*
Fraser T.G., *Il conflitto arabo-israeliano*
Lee S.H., *La guerra di Corea*
Hall M.K., *La guerra del Vietnam*
Pirjevec J., *Serbi, Croati, Sloveni. Storia di tre nazioni*
Prévélakis G., *I Balcani*

Flinn M.W., *Il sistema demografico europeo (1500-1820)*
Grigg D., *Storia dell'agricoltura in occidente*
Mokyr J., *Leggere la rivoluzione industriale*
Wrigley E.A., *La rivoluzione industriale in Inghilterra*
Zamagni V., *Dalla rivoluzione industriale all'integrazione europea. Breve storia economica dell'Europa contemporanea*
Cohen J. e Federico G., *Lo sviluppo economico italiano. 1820-1960*
Toniolo G., *Storia economica dell'Italia liberale 1850-1918*
Fauri F., *L'Italia e l'integrazione economica europea. 1947-2000*

STUDI RELIGIOSI

Dan Cohn-Sherbok e Lavinia Cohn-Sherbok, *Breve storia dell'ebraismo*
Coggins R.J., *Introduzione all'Antico Testamento*
Champeaux J., *La religione dei romani*
Cullmann O., *Introduzione al Nuovo Testamento*
Schneemelcher W., *Il cristianesimo delle origini*
Watt W.M., *Breve storia dell'Islam*
Brooke R. e Brooke C., *La religione popolare nell'Europa medievale*
Merlo G.G., *Eretici ed eresie medievali*
Schorn-Schütte L., *La riforma protestante*

FILOSOFIA

Kerferd G.B., *I sofisti*
Figal G., *Socrate*
Melling D.J., *Platone*
Ackrill J.L., *Aristotele*

De Libera A., *La filosofia medievale*
Schönberger R., *Tommaso d'Aquino*

Bloch E., *Filosofia del Rinascimento*
Cottingham J., *Cartesio*
Tuck R., *Hobbes*
Yolton J.W., *John Locke*
Ayer A.J., *Voltaire*
Wokler R., *Rousseau*

Höffe O., *Immanuel Kant*
Schnädelbach H., *Hegel*
Taylor C., *Hegel e la società moderna*
Murphy J.P., *Il pragmatismo*
Wetz F.J., *Husserl*
Stokes G., *Popper*

Jung M., *L'ermeneutica*
Russ J., *L'etica contemporanea*

Bechtel W., *Filosofia della mente*

STORIA E FILOSOFIA DELLA SCIENZA

Grant E., *La scienza nel Medioevo*
Butterfield H., *Le origini della scienza moderna*
Drake S., *Galileo*
Westfall R.S., *La rivoluzione scientifica del XVII secolo*
Howard J., *Darwin*

Coleman W., *La biologia nell'Ottocento*
Harman P.H., *Energia, forza e materia. Lo sviluppo della fisica nell'Ottocento*
Bernstein J., *Einstein*

Granger G.G., *La scienza e le scienze*
Kosso P., *Leggere il libro della natura. Introduzione alla filosofia della scienza*

CRITICA LETTERARIA

Casadei A., *La critica letteraria del Novecento*
Meyer M., *La retorica*
Renzi L., *Come leggere la poesia*
Beltrami P.G., *Gli strumenti della poesia. Guida alla metrica italiana*

de Romilly J., *La tragedia greca*
Fontaine J., *La letteratura latina cristiana*
Wapnewski P., *La letteratura tedesca del Medioevo*
Zink M., *La letteratura francese del Medioevo*
Mölk U., *La lirica dei trovatori*
Dronke P., *Dante e le tradizioni latine medievali*
Hölscher-Lohmeyer D., *Goethe*
Brombert V., *Stendhal*
Gifford H., *Tolstoj*
Lorenzini N., *La poesia italiana del Novecento*
Bottoni L., *Storia del teatro italiano. 1900-1945*

MUSICA E SPETTACOLO

Dahlhaus C. e Eggebrecht H.H., *Che cos'è la musica?*
Besseler H., *L'ascolto musicale nell'età moderna*
Bianconi L., *Il teatro d'opera in Italia*

Maravall J.A., *Teatro e letteratura nella Spagna barocca*
Taviani F., *Uomini di scena, uomini di libro. Introduzione alla letteratura teatrale italiana del Novecento*

PSICOLOGIA E SCIENZE COGNITIVE

Cornoldi C. e Tagliabue M., *Incontro con la psicologia*
Lück H.E., *Breve storia della psicologia*
Sanford A.J., *La mente dell'uomo*
Huteau M. e Lautrey J., *I test di intelligenza*
Tabossi P., *Intelligenza naturale e intelligenza artificiale*
Brunas-Wagstaff J., *La personalità*
Burr V., *Psicologia delle differenze di genere*
Chmiel N., *Tecnologia e lavoro. Un approccio psicologico*
Cassidy T., *Stress e salute*

DEMOGRAFIA

Vallin J., *La popolazione mondiale*
Véron J., *Popolazione e sviluppo*
Baldi S. e Cagiano De Azevedo R., *La popolazione italiana. Storia demografica dal dopoguerra ad oggi*
Pugliese E., *L'Italia tra migrazioni internazionali e migrazioni interne*

SOCIOLOGIA

Cavalli A., *Incontro con la sociologia*
Elster J., *Come si studia la società. Una «cassetta degli attrezzi» per le scienze sociali*
Giddens A., *Durkheim*
Hamilton P., *Talcott Parsons*

Coulter J., *Mente, conoscenza, società*
Dubar C., *La socializzazione. Come si costruisce l'identità sociale*
Pisati M., *La mobilità sociale*
Poggi G., *Il gioco dei poteri*
Popitz H., *Fenomenologia del potere*
Neveu E., *I movimenti sociali*
Véron J., *Il posto delle donne*
Kaufmann J.-C., *La vita a due. Sociologia della coppia*
Willaime J.P., *Sociologia delle religioni*
Bucchi M., *Scienza e società*
Bourdon J., *Introduzione ai media*
Menduni E., *Il mondo della radio. Dal transistor a Internet*
Paccagnella L., *La comunicazione al computer*
Steiner P., *Economia, mercati, società*
Sassatelli R., *Consumo, cultura e società*
Vicari Haddock S., *La città contemporanea*
De Marchi B., Pellizzoni L., Ungaro D., *Il rischio ambientale*
Lupton D., *Il rischio. Percezione, simboli, culture*

ANTROPOLOGIA CULTURALE

Rivière C., *Introduzione all'antropologia*
Schneider H.K., *Antropologia economica*
Lewellen T.C., *Antropologia politica*
Segalen M., *Riti e rituali contemporanei*

POLITICA

Rosen K., *Il pensiero politico dell'antichità*
Mertens D., *Il pensiero politico medievale*
Reinhard W., *Il pensiero politico moderno*

Fenske H., *Il pensiero politico contemporaneo*
Laurent A., *Storia dell'individualismo*
Skinner Q., *Machiavelli*
Shklar J.N., *Montesquieu*
McLellan D., *Marx*

Poggi G., *Lo stato. Natura, sviluppo, prospettive*
Raniolo F., *La partecipazione politica*
Della Porta D., *I partiti politici*

Held D. e McGrew A., *Globalismo e antiglobalismo*
Kellas J.G., *Nazionalismi ed etnie*

Gozi S., *Il governo dell'Europa*
Ziller J., *La nuova Costituzione europea*
Caciagli M., *Regioni d'Europa. Devoluzioni, regionalismi, integrazione europea*
Lippolis V., *La cittadinanza europea*

Roche J.-J., *Le relazioni internazionali. Teorie a confronto*
Caffarena A., *Le organizzazioni internazionali*

ECONOMIA

Campiglio L., *Tredici idee per ragionare di economia*

Dasgupta A.K., *La teoria economica da Smith a Keynes*
Mahieu F.R., *Ricardo*
Skidelsky R., *Keynes*
Arndt H.W., *Lo sviluppo economico. Storia di un'idea*

Lafay G., *Capire la globalizzazione*
Solow R.M., *Il mercato del lavoro come istituzione sociale*
Stiglitz J.E., *Il ruolo economico dello stato*
Zanetti G. e Alzona G., *Capire le privatizzazioni*
Benhamou F., *L'economia della cultura*
Mapelli V., *Il sistema sanitario italiano*

DIRITTO

Ducos M., *Roma e il diritto*
McIlwain C.H., *Costituzionalismo antico e moderno*
Galgano F., *Lex mercatoria. Storia del diritto commerciale*
De Vergottini G., *Le transizioni costituzionali*
Giannini M.S., *Il pubblico potere. Stati e amministrazioni pubbliche*